陪孩子读《山海经》

走兽篇

徐客 / 著

江苏凤凰美术出版社

和孩子一起探索
中国神奇动物的奥秘

编者序

读奇幻巨著，享快乐时光

精卫填海、后羿射日、大禹治水……这些中国百姓耳熟能详的故事其实都来源于《山海经》。《山海经》是远古时期最富想象力的传奇之作，它通过富有神话色彩的故事，让我们了解到几千年前的生活和思想，感悟那个时候天、地、人、兽之间的无穷奥秘。

这本书里关于飞禽走兽、游鱼怪蛇、神仙异人都有很生动的描述。比如披着五彩羽毛的凤皇、只有一只眼睛的薄鱼、八头八爪八尾的野兽天吴、长着虎牙的王母娘娘等。

这些天上飞的、地上跑的、水里游的神怪异兽大多数还有自己独特的爱好、技能和功效。比如，长着白耳朵的狌狌，它喜欢喝酒、摆弄草鞋，人吃了它的肉会走得飞快；比如长着虎尾的泰逢能感天动地、兴风布雨，每次出入和山都会发出神奇的光；比如体形像牛的鱐鱐鱼，它特别爱睡觉，人们把它的皮挂起来，能预测潮起潮落；比如长得像黑色八哥的鸲鹆，它喜欢洗澡，下雪的时候喜欢群飞，它还会学人说话；等等。

《山海经》中记载的这些鸟兽虫鱼、神仙异人，给我们描绘了一个稀奇古怪、多姿多彩的世界，对于开发孩子的想象力、创造力具有重要的作用。然而，《山海经》是一本古籍，里面的内容包括地理、物产、神话、医药、民俗等多方面的内容，纷繁复杂。其中，还有很多生僻字，这都给阅读增加了难度。

　　本书为帮助孩子阅读理解《山海经》，进行了以下的改动：

1. 给《山海经》中神怪异兽增加特点分析及传说故事

　　本书分四册，分别为走兽篇、禽鸟篇、鱼蛇篇、异人篇。每个神怪异兽都详细地从名称、形态、技能、爱好、功效、住址等多个方面进行了分析，书中还增加了神话故事、传说。对于长相、技能等比较相近的神怪异兽还进行了比较、分析。

2. 为书中的神怪异兽配全彩插图

　　《山海经》是我国最早的一部有图有文的经典，图画可以说是《山海经》的灵魂。古代，有很多名人曾为《山海经》配过图。郭璞在注解《山海经》的时候，为它配了整套的插图；梁武帝时期，张僧繇画了《山海经图》十卷。令人惋惜的是，这些图都已遗失了。

　　现在市面上大多数《山海经》是单黑的，而且图片数量比较少，而这套书收录700多幅流传数百年的经典插图，全新着色，彩色印刷。让孩子们欣赏、临摹古代大师的作品，提高孩子的观察力和绘画技能。此外，本书还收集了一些能反映《山海经》文化的上古时期的出土文物图像，并对其形状、纹理做了简单说明。

3. 为生僻字注音

《山海经》中有很多生僻字，很多成人在阅读过程中都会遇到一些障碍。本书特意为其中的生僻字注音，让您可以更加畅快地和孩子分享《山海经》中的神秘故事。

4. 这是一本可以听的《山海经》

我们将书中比较有趣的神话故事、传说转化成在线音频，扫描书中的二维码即可收听关于这个神怪异兽的相关内容。脚步声、对话声、流水声、山石声，给孩子身临其境之感。

《山海经》是一部上古的奇幻巨著，它能够破解国人两千多年来遥远而神秘的旧梦，寻求洪荒时代影响民族观念的巨大力量，揭开中国五千年文明的神秘面纱。国宝级的古代图绘、生动的传说故事、有趣的亲子游戏、鲜活的现代讲述，不但能够把中国神话文学的精髓传递给孩子，还能提高孩子的想象力、创造力，更能让您和孩子在阅读中度过一段段难忘的亲子时光。

流观山海图
俯仰终宇宙

目录

走兽篇

狌狌 · 002
好喝酒的白耳猴

白猿 · 006
长臂猴

鹿蜀 · 008
白头红尾的虎纹马

类 · 010
头发很长的猫

九尾狐 · 012
吃人的狐狸

狸力 · 015
长着鸡爪的小野猪

长右 · 017
四耳猴

麔 · 021
牛尾虎

蛊雕 · 023
头上长角的雕

犀 · 025
头上长着三只角的水牛

羬羊 · 028
马尾羊

葱聋 · 031
红胡子山羊

豪彘 · 034
身上长了刺的猪

嚣 · 037
长臂猴

猛豹	040	**狰**	066
有花纹的大熊猫		五尾独角兽	
罴	044	**獓狠**	068
会爬树的小棕熊		四角牛	
谿边	046	**天狗**	070
形状像狗能驱邪		声如猫叫的白头狗	
玃如	048	**𧴁**	073
四角鹿		独眼的狸猫怪	
旄牛	050	**白鹿**	076
雪域之舟		白色毛皮的瑞兽	
朱厌	052	**白狼**	078
白头红脚猿猴		雪白的北极狼	
麋	054	**白虎**	080
有名的"四不像"		身上没有一条花纹的老虎	
鹿	056	**駮**	082
长寿的仙兽		老虎见了都害怕的神马	
举父	059	**穷奇**	085
胳膊上有斑纹的猿人		长着刺猬毛的牛怪	
陆吾	063	**水马**	088
九尾虎		牛尾马	

橐驼 • 090
沙漠之舟

那父 • 093
白尾牛

诸犍 • 096
独目豹

窫窳 • 098
红身子人面兽

駮马 • 102
长着牛尾的独角马

狍鸮 • 104
眼睛长在腋下的人面羊

独狢 • 107
马尾狗头虎

䮝 • 109
长着鸡爪的四角羚羊

天马 • 111
黑脑袋飞马

飞鼠 • 113
会飞的鼠头兔

领胡 • 115
长着肉瘤的红尾巴野牛

辣辣 • 119
眼睛长在耳后的独角羊

罴 • 121
肛门长在尾巴上面的鹿

犰狳 • 123
长着鸟嘴鹰眼蛇尾的兔子

獬獬 • 125
声音像大雁的插翅狐狸

蛮蛭 • 127
九头九尾的吃人狐狸

婴胡 • 131
鱼眼麋鹿

虎 • 133
眼睛放光的老虎

精精 • 135
马尾牛

当康 • 137
长着獠牙的猪

合窳 · 139		**跂踢** · 162	
人面猪		有两个头的狗	
蜚 · 141		**双双** · 165	
独眼蛇尾牛		三只连体青兽	
狔狔 · 144		**玄豹** · 168	
身上长鬃毛的野猫		金色斑纹豹	
马腹 · 146		**相柳** · 170	
人面虎		九头凶神	
夔牛 · 148		**蜼** · 173	
巨大的牛		鼻孔外翻的长尾猿	
并封 · 151		**天吴** · 176	
有两个头的猪		八头八爪八尾的野兽	
乘黄 · 154		**驺吾** · 178	
头上长角的狐狸		五彩斑斓的千里马	
奢比尸 · 156		**英招** · 180	
兽身人首神		长着人脸的马	
兕 · 158		**帝江** · 182	
青黑色的牛		爱唱歌跳舞的肉球	
开明兽 · 160		**韩流** · 184	
九个头颅的神兽		人面猪嘴的麒麟	

走兽篇

狌狌
xīng xing

好喝酒的白耳猴

《南山经》

有兽焉，其状如禺而白耳，伏行人走，其名曰狌狌，食之善走。

清代《吴友如画宝》

今名 猩猩
形态 外形像猿猴，长有一双白色的耳朵
爱好 喝酒，摆弄草鞋
技能 知人名，说人话，建小屋
功效 吃了它的肉能走得飞快
住址 招摇山

扫码听故事

南方第一列山系叫鹊山山系，鹊山山系第一座山叫招摇山，狌狌是这座山上唯一一种兽类。它的样子很像猿猴，长着一双白色的耳朵，既能贴着地爬行，也能像人一样直立行走。它还会在山林里用树叶建造小屋居住。

狌狌会说人话，还十分喜欢喝酒和玩草鞋，而且特别贪心。知道这一点的人就会在路上摆上酒坛子，旁边放上几十双连在一起的草鞋。狌狌路过的时候，知道放这些草鞋是为了捉住它们；也清楚是谁放的，他们的祖先叫什么。狌狌一边喊着这些人和他们祖先的名字，一边大骂："又来诱惑我，才不上你们的当呢！"然后就走开了。

但是过不了一会儿，它们就又返回来了，眼睛贪婪地盯着酒和草鞋。它们知道人们的意图，于是，就又骂骂咧咧地扭头走开了。就这样来回折腾了几次，最后狌狌们还是抵挡不住酒和草鞋的诱惑，喝了一坛又一坛酒，还兴致勃勃地把草鞋套在脚上。结果它们喝得大醉，走路东倒西歪的，再加上草鞋将它们连在一起，怎么都跑不动。这时，人们就趁机把它们都捉住了。狌狌知道人类摆酒的目的，却因为禁不住诱惑而成了人类的盘中餐。

狌狌身体很灵巧，手臂也很长，能在树木之间跳来跳去，还能像人一样直立行走。一些原始人把它们当成图腾崇拜，还有一些能工巧匠模仿它们的样子做一些东西，这件花型悬猿铜钩就是其中之一。

明代蒋应镐图本

明代胡文焕图本

004　陪孩子读《山海经》·走兽篇

清代萧云从《天问图》

白猿 bái yuán

长臂猴

《南山经》

又东三百里,曰堂庭之山。多棪(yǎn)木,多白猿,多水玉,多黄金。

明代蒋应镐图本

今名 猿猴
形态 样子像猴,手臂粗大有力,腿长
叫声 听起来很哀怨
技能 擅长攀缘
住址 堂庭山

006　陪孩子读《山海经》·走兽篇

招摇山往东三百里是堂庭山，山上生长着茂密的棪木，其间有许多白猿。白猿的样子像猴，而且它的手臂粗长有力，腿也长，动作十分敏捷，擅长攀缘。它喊叫的声音听起来很哀怨，所以古时候有种说法："猿叫三声，人就落泪了。"

猿是长寿的动物。古人认为猴子活到八百岁就变成了猿。李时珍在《本草纲目》中说，猿产于神山广川之中，手臂非常长，能够吸取自然的精气，所以它的寿命很长。堂庭山中的白猿爱吃棪树的果子，又吸取了山中灵气，所以更长寿。

在金庸小说《越女剑》中，牧羊女阿青巧遇一只会使用竹棒的白猿。自那以后，她就常与白猿用竹棒比剑，因而悟得了高超的剑法诀窍。一根竹棒在手，就能横扫千军，创造了"三千越甲不可敌"的神话。

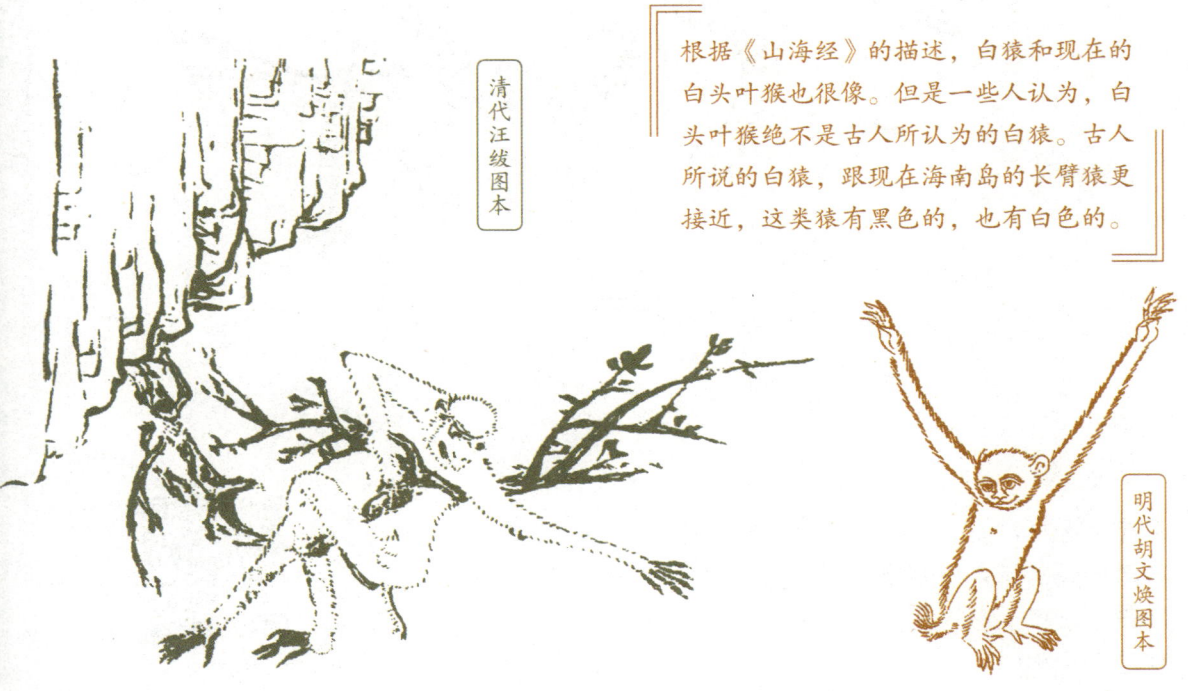

清代汪绂图本

根据《山海经》的描述，白猿和现在的白头叶猴也很像。但是一些人认为，白头叶猴绝不是古人所认为的白猿。古人所说的白猿，跟现在海南岛的长臂猿更接近，这类猿有黑色的，也有白色的。

明代胡文焕图本

鹿蜀

lù shǔ

白头红尾的虎纹马

《南山经》

又东三百七十里,曰杻(niǔ)阳之山。其阳多赤金,其阴多白金。有兽焉,其状如马而白首,其文如虎而赤尾,其音如谣,其名曰鹿蜀,佩之宜子孙。

明代蒋应镐图本

形态 像马,白头、红尾,全身长有老虎一样的斑纹
叫声 像是有人在唱歌
功效 谁披上它的皮毛,谁就可以子孙满堂
住址 杻阳山

扫码听故事

008　陪孩子读《山海经》·走兽篇

翼山往东三百七十里是杻阳山，山中生活着一种瑞兽叫鹿蜀，它的形状像马，白头、红尾，全身长有老虎一样的斑纹。鹿蜀叫起来像是有人在唱歌。传说，人佩戴它的皮毛，就可以子孙满堂，因此它们经常遭到人们的捕杀，但鹿蜀十分警觉，一有响动就立刻藏起来。

秦二世的时候，赵高骑着一头鹿跟着秦二世出行，秦二世问他："丞相为什么骑着一头鹿呢？"赵高说："这是一匹马啊！"秦二世说："丞相错了，这不是马，是鹿。"赵高又说："这的确是一匹马啊！陛下您可以问问其他大臣。"群臣有的沉默不说话，有的说是马。在这种情况下，秦二世只得顺从赵高。这就是"指鹿为马"的故事。

故事中，赵高所骑的奇异生物，或许正是他特意找来的鹿蜀。这样一来，如果秦二世说是鹿，那他就可以说是马；如果秦二世说是马，那他就可以说是鹿，并借机观察群臣的态度。

鹿蜀

鹿蜀动作灵敏，又很警觉，是多款游戏中的助战妖（仙）兽。游戏中，鹿蜀马身虎纹，发出的声音就像在唱歌。

清代汪绂图本

清代吴任臣康熙图本

类 lèi

头发很长的猫

《南山经》

有兽焉，其状如狸而有髦，其名曰类，自为牝（pìn）牡，食者不妒。

明代蒋应镐图本

形态 像野猫，头发很长，盖住了眉毛

功效 吃了它的肉不会产生妒忌心

住址 亶（dǎn）爰（yuán）山

柢（dǐ）山再往东四百里是亶爰山，山里有一种奇特的野兽，名叫类。它的形状像野猫，却长着长头发，甚至盖住了眉毛。这种野兽雌雄同体，自己受孕，自己繁殖。人吃了它的肉，就不会产生妒忌心。

　　很多人认为类是灵猫。相传明朝嘉靖年间，在云南蒙化府一带，经常可以看见这种野兽。这种形态像狸的灵猫，出没在山谷之间，当地人称它为香髦（máo）。

原始崇拜中，像"类"这种雌雄同体的生灵，常被看作集阴阳双性于一体，统领天地之间，拥有至上的威力和强大的神秘性，这件彩陶壶上捏塑的形象就是这种思想的表现。

九尾狐
jiǔ wěi hú

吃人的狐狸

《南山经》

又东三百里，曰青丘之山。其阳多玉，其阴多青。有兽焉，其状如狐而九尾，其音如婴儿，能食人，食者不蛊。

明代蒋应镐图本

形态 像狐狸，长着九条尾巴
叫声 像婴儿哭
技能 吃人
功效 吃了它的肉能使人不中妖术、毒气
住址 青丘山

扫码听故事

从基山再往东三百里就是青丘山，山上住着九条尾巴的狐狸。它的叫声像婴儿在哭。它很凶猛，会吃人。但吃了它的肉，就能让人不中山上的妖术、毒气。

相传，禹直到三十岁时还没有娶媳妇。有一次他经过涂山，见到一只九尾白狐，不禁想起涂山当地流传的一首民间歌谣，意思是：谁见了九尾白狐，谁就可以成为大王；谁娶了涂山的女儿，谁就可以家道兴旺。于是，禹娶了涂山的女儿子娇为妻。禹最终成为夏朝的国王，统治中国，而且子孙特别多。古人还传说，当国王不贪恋美色、政治清明时，九尾狐就会出现。

明代蒋应镐图本

清代汪绂图本

远古时代，传说中的九尾狐是一种妖兽。到后来的汉代石刻画像及砖画中，经常见到九尾狐与玉兔、金蟾、三足乌等并排站在西王母的旁边，既是西王母的跟班，又是祥瑞与子孙兴旺的象征。它"吃人"的传说渐渐消失，成为"祥瑞"的象征。

> 九尾狐死后，它一定会把头朝向它出生地的方向，古人认为它不忘本。它的九条尾巴蓬松美丽，古人认为这象征着子孙繁衍、后世昌盛。

明代胡文焕图本

清代郝懿行图本

狸力

长着鸡爪的小野猪

《南山经》

有兽焉,其状如豚(tún),有距,其音如狗吠,其名曰狸力,见则其县多土功。

明代蒋应镐图本

形态 像小猪,却长着一双鸡爪
叫声 像狗叫
技能 预示繁多的水土工程
住址 柜山

015

柜山中有一种野兽，形状像小猪，却长着鸡爪，叫的声音就像狗叫，它的名字叫狸力。狸力是一种奇兽，它出现的地方地面多起伏，所以人们猜测狸力善于挖土。人们认为，狸力出没的地方，一定会有繁多的水土工程。

濒危物种狗獾和狸力十分相似。狗獾习惯昼伏夜出，有冬眠的习性。它挖洞能力很强，洞道长可达几米至十余米，里面还有很多岔路口。特别是它冬眠用的洞穴，更加复杂。整个洞穴就像地道，甚至可以防水、防烟，而且有多个出入口。

清代汪绂图本

清代《禽虫典》

长右 cháng yòu

四耳猴

《南山经》

东南四百五十里，曰长右之山。无草木，多水。有兽焉，其状如禺而四耳，其名长右，其音如吟，见则郡县大水。

明代蒋应镐图本

形态 像猿猴，长着四只耳朵
叫声 就像人在呻吟
技能 预示水灾
住址 长右山

从柜山往东南四百五十里是长右山。山中有一种野兽，形状像猿猴却长着四只耳朵，它的名字叫长右，它的叫声就像人在呻吟。

传说，古人曾在山中看到长右，并且听到它的啼叫，结果当地出现了百年不遇的大洪水。第二年，当地又出现了长右，结果发生了更大的水灾。看来长右的出现是水灾的征兆。有人推测，长右可能是被禹制服的猴形水怪。

传说禹治理洪水时，曾三次到过桐柏山，那里总是电闪雷鸣，狂风怒号，使治水工程无法继续进行。禹知道是妖物作怪，于是号召群神，齐心合力终于抓住水怪。那个怪物能说人话，而且对答如流。它的形态像猿猴，白色脑袋，青色身体，眼睛里闪耀着万道金光，力气比九头大象还大。禹命人用大铁链锁住怪物的脖子，鼻孔里穿上金铃，然后镇压到龟山脚下。

> 长右与现在的短尾猴很像。短尾猴俗名红面猴，比猕猴个头大。小红面猴的脸是肉红色的，成年后变为鲜红色，老了变为紫红色。它的耳朵比较小，尾巴很短。它吃的东西比较杂，既吃野果、树叶、竹笋，也吃蟹、蛙等。

長右 狀如禺而四耳見則大水出長右山

清代吳任臣近文堂圖本

清代《禽虫典》

彘 牛尾虎
zhì

《南山经》

又东五百里，曰浮玉之山。北望具区，东望诸毗。有兽焉，其状如虎而牛尾，其音如吠犬，其名曰彘，是食人。

明代蒋应镐图本

形态 像老虎却长着牛的尾巴
叫声 像狗叫
技能 预示洪水
住址 浮玉山

扫码听故事

021

浮玉山中有一种野兽，形状像老虎却长着牛的尾巴，发出的叫声就像狗叫，名字叫彘，是会吃人的。它与长右一样，也是发洪水的象征。

古时候，人们把猪称为彘，并流传下来一则"曾子杀彘"的故事。

曾子的妻子要去集市上买东西，家里的小儿子吵闹着要一块儿去，可是母亲不同意。孩子被拒绝后，大哭起来。母亲说："你先回家，等我回来后杀猪给你吃。"妻子从集市上回来，曾子想把猪杀了。他的妻子阻止道："我只是和儿子开个玩笑啊。"曾子说："你不可以跟孩子开玩笑。孩子什么都不懂，他向父母学习，听从父母的教导。如果你欺骗了他，就是在教他骗人呀。母亲欺骗儿子，儿子于是不再相信他的母亲，这不能教育好孩子。"于是曾子就把猪杀了给儿子吃。

> 在原始社会，老虎、野牛等猛兽活动猖獗，古人对它们既敬重又害怕，把它们看作勇气和力量的象征。于是，出现了类似"彘"这种虎牛同体的怪兽。除了有关它的神话传说，人们的生活中还渐渐出现了猛兽相斗的纹饰。

清代汪绂图本

明代胡文焕图本

蛊雕
gǔ diāo

头上长角的雕

《南山经》

又东五百里，曰鹿吴之山。上无草木，多金石。泽更之水出焉，而南流注于滂水。水有兽焉，名曰蛊雕，其状如雕而有角，其音如婴儿之音，是食人。

明代蒋应镐图本

形态 像雕鹰，头上却长角，叫声就像婴儿啼哭
爱好 吃人
住址 鹿吴山泽更水

023

鹿吴山上没有花草树木，但有丰富的金属矿物和玉石。泽更水从这座山发源，然后向南流入滂水。水中有一种叫蛊雕的野兽，它的形状像雕鹰，却头上长角。虽然它的叫声就像婴儿啼哭，但却十分凶猛，是会吃人的。

蛊雕常常用声音来引诱路人，然后将他突然吞入肚内。蛊雕的身形庞大，双翼展开长达数丈。

据说，蛊雕的食量特别大，而且它专门吞食人，大嘴一次可吞一人。它有冬眠的习性，每十年只醒来一次，每次都要吞食很多人，数以千计。蛊雕冬眠时，会找一个极为隐蔽的地方。千百年来，人们曾多次探险去寻找，却从未找到过蛊雕的藏身之处。

> 利用婴儿哭声害人的妖怪，除了《山海经》中的蛊雕之外，还有川赤子、儿啼爷等日本妖怪。川赤子又名"河婴儿"，是常在池塘、沼泽附近出现的妖怪。它喜欢在夜晚时模仿婴儿的哭声，被骗的人会跟着哭声寻找，结果掉进了川赤子挖的无底沼泽。儿啼爷喜欢生活在荒无人烟的深山中，当偶尔有人路过，它会发出婴儿"呱呱"的啼哭声，路人好奇在这种地方怎么会有婴儿呢，然后走过去抱起它，这时它就会立刻把路人的手抓住。如果路人想逃走，它的重量就会猛增，让人动弹不得。

明代胡文焕图本

清代汪绂图本

犀 xī

头上长着三只角的水牛

《南山经》

东五百里,曰祷过之山,其上多金玉,其下多犀、兕(sì),多象。

明代蒋应镐图本

形态 样子像水牛,周身黑色,头像猪,脚似象,长了三只蹄子、三只角

功效 犀角可解百毒,通灵、避邪

住址 祷过山

南方第三列山系最西边的一座山是天虞山，从天虞山往东五百里是祷过山，山下有很多犀。祷过山的犀样子像水牛，周身黑色，头像猪，脚似象，只长了三只蹄子，但身体健壮。它头上长有三只角，一个在顶上，一个在额头上，还有一个在鼻子上。

犀喜欢吃荆棘，所以嘴巴上常常鲜血直流。古人认为，犀角是犀牛身上最宝贵的部位，可解百毒，是名贵的中药材。犀角也被认为是神物，可以通灵、避邪。人们还常常将犀角雕刻成精致的工艺品，以供赏玩。正是因为人们对犀角的喜爱，犀牛遭受了灭顶之灾，被大肆捕杀。

传说有一种叫通天犀的灵兽，它吃草时只吃有毒的草；吃树木时，专挑有刺的吃，从来不尝柔滑鲜嫩的草木。它这么做的目的是以身试药，练就一身本领，然后为人解毒，极富自我牺牲精神。

古人认为犀牛是神兽，它的犀角最富灵性，可避邪，所以很多装饰品被制作成犀牛的形态而随身携带。这件犀牛带钩造型逼真，它的鼻向前伸，身体后坐，姿态栩栩如生。

清代汪绂图本

清代《吴友如画宝》

雙角犀牛

雙角犀牛生於亞非利加洲及印度等處者不同以皮堅韌而有雙毛惜之水故常在河之洞所食者惟草及樹枝而已 吳嘉猷明岡

清代《禽虫典》

羬羊

qián yáng

马尾羊

《西山经》

西山华山之首,曰钱来之山。其上多松,其下多洗石。有兽焉,其状如羊而马尾,名曰羬羊,其脂可以已腊。

明代蒋应镐图本

今名 捻(niǎn)角山羊
形态 像羊却长着马的尾巴
功效 它的油脂可以用来治疗干裂的皮肤
住址 钱来山

028　陪孩子读《山海经》·走兽篇

钱来山中有一种野兽,形状像羊,却长着马的尾巴,名字叫羬羊。古人认为普通的羊长到六尺就变成了羬。羬羊的油脂可以用来治疗干裂的皮肤,古代大月氏国就曾有这种羬羊。

根据《中国古代动物学史》的注解,羬羊为捻角山羊。捻角山羊是体形最大的山羊,是巴基斯坦的国兽,它那对卷曲、螺旋形的大角最特别。当雄性捻角山羊为了吸引雌性而决斗时,巨大的羊角成了战斗的武器,彼此间猛烈地碰撞,声音能传得很远,甚至会引来天敌雪豹。雪豹先在附近隐蔽起来,等待最佳出击时间。当雄性捻角山羊决斗结束后,双方都会头昏,这使得它们在悬崖峭壁上很难保持平衡。此时,雪豹迅速跃出,头昏脑涨的捻角山羊站都站不稳,更别说跑了。

> 除了钱来山、英山,《西次二经》的鹿台山,《西次四经》的白於山,《中次四经》的柄山、牡山,《中次六经》的夸父山,《中次十一经》的支离山都有羬羊的存在。

清代郝懿行图本

清代吴任臣乾隆图本

明代胡文焕图本

清代汪绂图本

030　陪孩子读《山海经》·走兽篇

葱聋 cōng lóng

红胡子山羊

《西山经》

其兽多葱聋，其状如羊而赤鬣（liè）。

唐代《山海百灵图卷》

今名 藏羚羊
形态 外形像羊，却长有红色的鬣毛
住址 符禺山

从小华山再往西八十里，有座符禺山。生活在山上的野兽种类不多，主要是一种名叫葱聋的动物，它的外形像羊，但却长着一把红色的胡须。葱聋的样子像羊，"羊"在古代有吉祥之意，因此，很多想象中的祥瑞之兽都或多或少地采用了羊的形象。

葱聋又叫夏羊，郝懿行曾说："它是野羊的一种，如今的夏羊，也有长着红胡子的。"据《中国古代动物学史》注，葱聋为藏羚羊。藏羚羊是雪域高原上的精灵。当狼突然逼近藏羚羊羊群时，藏羚羊通常不会四下逃散，而是迅速聚集在一起，低着头，长角朝向狼，与狼对峙，这让狼无从下手，不得不作罢。

> "羊"在古代有吉祥之意，因此，很多想象中的祥瑞之兽都或多或少地采用了羊的形象。

明代蒋应镐图本

明代胡文焕图本

清代汪绂图本

清代吴任臣近文堂图本

豪彘

háo zhì

身上长了刺的猪

《西山经》

有兽焉，其状如豚而白毛，大如笄（jī）而黑端，名曰豪彘。

明代蒋应镐图本

今名 豪猪
形态 像小猪，长着白色的毛，毛如簪子粗细，尖端呈黑色
住址 竹山

竹山中还生活着一种野兽，它的形状像小猪，却长着白色的毛，毛如簪子粗细，尖端呈黑色，名字叫豪彘，也就是现在的豪猪。

豪彘经常两三百头聚在一起，成群结队地去偷吃农民的庄稼，给周围人们的生活带来了很大的困扰。在受到驱赶或追捕时，豪彘会使劲鼓气，将自己身上又尖又长的刺发射出去，刺伤捉它的人，救自己一命。

不过有意思的是，这刺能保护自己，却也给豪彘带来很多不便。天气寒冷时，豪彘便聚在一起，它们拼命地想相互取暖；但是由于每头豪彘的身上都长满了尖刺，挤得太紧，它们就痛得嚎叫起来。于是，豪彘又互相闪开，但过不多会儿，它们禁不住寒冷的侵袭，又挤成一堆了，然后疼痛又让它们分开。就这样分分合合、合合分分，到最后也不得消停。

> 相对于豪猪的野蛮和危险，古人更喜欢温顺的家猪，并且把它看作财富的象征。甚至在墓葬中，猪都是必不可少的随葬。汉代时，还流行随葬石猪、玉猪，在丧葬礼仪中称"握"，也称作"握猪"或"握豚"等。

明代胡文焕图本

清代《吴友如画宝》

036　陪孩子读《山海经》·走兽篇

嚣 _{áo} 长臂猴

《西山经》

有兽焉，其状如禺而长臂，善投，其名曰嚣。

明代蒋应镐图本

今名 猕猴
形态 像猿猴而双臂很长
技能 投掷
住址 羭（yú）次山

浮山再往西七十里是㹕次山，山中有一种野兽，名字叫嚣。它看起来像猿猴，双臂特别长，擅长投掷，也有人把这种野兽叫作猕猴。

有一种说法认为，嚣集鸟、猴、狗外形于一身。它的样子像猴，却长着两对翅膀和狗的尾巴，一只眼长在脸面正中，伸着前爪，好像在行走。

清代汪绂图本

明代胡文焕图本

清代《禽虫典》

猛豹

měng bào

有花纹的大熊猫

《西山经》

又西百七十里,曰南山,上多丹粟。丹水出焉,北流注于渭。兽多猛豹,鸟多尸鸠。

明代蒋应镐图本

- **形态** 身体像熊,但毛皮光泽,有花纹
- **技能** 能吃蛇,还能吃铜铁,一顿甚至可以吃数十斤;吸食人们的噩梦
- **功效** 具有避邪功能,睡在它的皮上可以避免瘟疫
- **住址** 南山

南山中的野兽大多是猛豹。和现在的豹不一样，猛豹的身体像熊，但毛皮光泽而有花纹，能吃蛇，还能吃铜铁，一顿甚至可以吃数十斤。

睡在猛豹的皮上可以避免瘟疫，将它的形象画在画上可以避邪。清代学者郝懿行认为"猛豹即貘豹"。貘豹是神兽，有避邪的功能。

传说，在每一个天空被洒满朦胧月光的夜晚，食梦貘会走出幽深的森林，来到人们居住的地方，吸食人们的噩梦。食梦貘会发出轻声鸣叫，让人类在这种声音的相伴下先甜睡，之后将人们的噩梦一个接一个地吸入囊中。食梦貘吃完人们的噩梦之后，便又悄悄地返回到丛林中，继续它神秘的生活。

> 学者普遍认为，猛豹就是今天的国宝大熊猫。大熊猫确实有吃铁的本领，熊猫还因为经常吞食铜铁被称为"食铁兽"。

日本《怪奇鸟兽图卷》

貘白豹

清代《尔雅音图》

042　陪孩子读《山海经》·走兽篇

清代汪绂图本

明代胡文焕图本

043

羆 pí

会爬树的小棕熊

《南山经》

又西三百二十里，曰㠑（bō）冢之山。汉水出焉，而东南流注于沔；嚣水出焉，北流注于汤水。其上多桃枝钩端，兽多犀兕（sì）熊罴（pí），鸟多白翰赤鷩（bì）。

明代蒋应镐图本

今名 棕熊、马熊
形态 体态很小，毛棕褐色
技能 爬树、游水
住址 嶓冢山

蟠冢山有很多熊和罴。罴是熊的一种，俗称人熊，也叫棕熊、马熊。毛棕褐色，能爬树、游水。它在陆地上时叫熊，而在水里就叫"能"。罴跟熊很像，只是头比较长。熊和罴都十分凶猛好斗，黄帝与炎帝开战时，就曾经让有熊氏驱赶熊、罴冲锋陷阵。

唐代大文学家柳宗元曾写过一篇文章，讲了一个关于罴的故事。楚国的南部有个打猎的人，能用竹笛模仿各种野兽的叫声。他拿着弓、箭、装火的瓶子和火种悄悄来到山上，模仿鹿的叫声把鹿引出来，然后用火种向它射去。貙听到了鹿的叫声，快速地跑过来了，猎人见到貙很害怕，于是就模仿虎的叫声来吓唬它。貙（chū）被吓跑了，但虎听到了同类的叫声又赶来了，猎人更加惊恐，就又模仿罴的叫声，虎又被吓跑了。这时，罴听到了声音就出来寻找同类，找到的却是人，罴就揪住猎人，把他撕成碎块吃掉了。这个故事用来讽刺那些不学无术、没有真本领而专门依靠外部力量的人，到最后会一败涂地。

> 棕熊是相当好斗的动物，雄性棕熊为了保护领地、争夺食物和配偶而斗。它们会赶走狼群和山狮，也会打跑侵入它们领地的其他熊。雌性棕熊为了保护幼仔而斗。

清代汪绂图本

谿边

xī biān

形状像狗能驱邪

《西山经》

又西三百五十里,曰天帝之山。上多棕枏(zhān),下多菅(jiān)蕙(huì)。有兽焉,其状如狗,名曰谿边,席其皮者不蛊。

唐代《山海百灵图卷》

今名 树狗
形态 像狗
功效 铺垫谿边的皮,就不会中妖邪毒气
住址 天帝山

嶓冢山再往西三百五十里是天帝山，山中有一种野兽，形状像狗，名字叫谿边，人坐卧时铺上谿边的皮就不会中妖邪毒气。但毕竟谿边是传说中的兽，人是捉不到的，所以人们无法真正用它来驱邪。

　　谿边长得像狗，狗几乎家家都有，于是人们便杀了白狗，将它的血涂在门上，来达到和铺谿边皮一样的驱邪目的。后来杀狗取血被除不祥，竟成了一种风俗流传开来，成为民间驱鬼的常用方法。就因为长得像，无辜的狗便成了谿边的替死鬼。

清代《禽虫典》

玃如 jué rú

四角鹿

《西山经》

有兽焉，其状如鹿而白尾，马足人手而四角，名曰玃如。

明代蒋应镐图本

今名 大母猴或四角羚
形态 外形像鹿，白尾、马蹄、人手，有四只角
技能 擅长攀爬
住址 皋涂山

天帝山往西南三百八十里是皋涂山，山中还有一种野兽，名叫玃如。它的外形非常奇特，外形像鹿，却长着白色的尾巴。它还有马一样的蹄子、人一样的手，还长有四只角。据说玃如很擅长爬树、登山。在夜里，它经常爬到树上，偷袭熟睡了的数斯。但是数斯长着一双人一样的腿，能把它一脚蹬开，然后展翅高飞，留下玃如在原地叹息不止。

清代吴任臣乾隆图本

清代汪绂图本

明代胡文焕图本

旄牛
máo niú

雪域之舟

《西山经》

又西二百里，曰翠山。其上多棕枏（zhān），其下多竹箭；其阳多黄金、玉，其阴多旄牛、麢、麝。

明代蒋应镐图本

今名 牦牛
形态 像牛，但四肢关节上都长着长长的毛
技能 耐寒负重，具有极强的耐力和吃苦精神
住址 翠山

黄山再往西两百里是翠山，山背阴的北坡生活着很多旄牛。旄牛是牛的一种，它的眼睛比牛眼大，身上的毛很长，尤其是尾部、背部、后颈和膝上的毛特别长，古人将它剪下来系在旗帜的顶端，用以显示军队的威严。

旄牛像牛，但它的四肢上有毛，特别耐严寒，如今，青藏高原上的牦牛就是这种旄牛。

牦牛性情温和、驯顺、善良，具有极强的耐力和吃苦精神。对于藏族人来说，牦牛具有无可替代的重要地位。无论烈日炎炎的盛夏，还是冰雪袭人的寒冬，牦牛都能坚韧不拔地奔波在雪域高原，有"雪域之舟"的美称。牛乳、牛肉、牛毛为藏民族提供着生活、生产必需的资源，成为藏民族生命与力量的源泉。可以说，藏民族的衣、食、住、行中，处处都离不开牦牛。

清代汪绂图本

藏族创世纪神话《万物起源》中说："牛的头、眼、肠、毛、蹄、心脏等变成了日月、星辰、江河、湖泊、森林和山川等。"这是藏族先民对崇拜的图腾牦牛加以神化或物化之后，发挥丰富的想象力而产生的。

朱厌 zhū yàn

白头红脚猿猴

《西山经》

又西四百里,曰小次之山。其上多白玉,其下多赤铜。有兽焉,其状如猿,而白首赤足,名曰朱厌,见则大兵。

明代蒋应镐图本

今名 白眉长臂猿
形态 像猿猴,但头是白色的,脚是红色的
技能 预示天下大乱
住址 小次山

小次山中有一种野兽，形状像猿猴，但头是白色的，脚是红色的，名叫朱厌。和凫（fú）徯（xī）一样，它一出现就会硝烟四起，天下大乱。

朱厌有两种外形：一种是猴形，一种是人面猴身。

在古代，有两个邻国实力不相上下，对峙达十多年。一天，其中一个国家的人捉到了一只怪异的猿猴，并将它作为礼物送给邻国，想要趁着这个机会改善一下两国的关系。邻国国君见这只猿猴不仅长相特别，而且很有灵性，便寄养在了皇宫中。哪知有一天，皇后衣衫不整地躺在床上，已经没了呼吸，而猿猴也不见了踪影。皇帝震怒，认为是邻国用猿猴害死了皇后，便对邻国开战。战争惨烈，民不聊生。后来人们才知道，这只猿猴就是朱厌。由此，民间开始流传，朱厌出现就会发生大战。

白头叶猴和朱厌长得很像，而且它和人类的相貌也很相似：它们头上的白冠像人老后的白发，漂亮的脸形几乎和人类的一样。

清代汪绂图本

麋 mí

有名的『四不像』

《西山经》

又西三百五十里,曰西皇之山。其阳多黄金,其阴多铁,其兽多麋、鹿、㸲(zuò)牛。

唐代《山海百灵图卷》

形态 角像鹿角又不是鹿角,头像马头又不是马头,身子像驴又不是驴,蹄子像牛蹄又不是牛蹄

爱好 喜欢在泥泞的树林、沼泽地带找青草、树叶和水生植物吃

技能 擅长游泳

住址 西皇山

麋是鹿的一种，俗称"四不像"。它的角像鹿角又不是鹿角，头像马头又不是马头，身子像驴又不是驴，蹄子像牛蹄又不是牛蹄。麋鹿喜欢在泥泞的树林、沼泽里找青草、树叶和水生植物吃。它擅长游泳，是世界珍稀动物。

麋鹿比较独特的是，它要经过十个月孕育才能生产，而且每胎只产一个崽，所以繁殖力比较低。

上古至周代是麋鹿的黄金时期。相传，西周姜子牙的坐骑就是"四不像"。后来，因为自然环境的变化和人类猎杀，汉晋时在中原大地上已经很难看到它的踪影。清末，在北京城南的南海子皇家猎苑里，有一百二十多头麋鹿。后来，这群皇家世代圈养的稀世珍兽被八国联军洗劫，无一幸免。1983年后，麋鹿才重返家园。

> 江苏大丰麋鹿国家级自然保护区是一个神奇的地方。它是世界最大、中国唯一的野生麋鹿园，建立了世界最大的麋鹿种群基因库。濒临灭绝的麋鹿，在这里绝处逢生，繁衍壮大起来。

清代汪绂图本

鹿 长寿的仙兽
lù

《西山经》

又西三百五十里，曰西皇之山。其阳多黄金，其阴多铁，其兽多麋、鹿、㮮（zuò）牛。

唐代《山海百灵图卷》

扫码听故事

住址 西皇山

古人十分喜欢鹿，认为它是瑞兽，是长寿的象征。鹿一般在夏至左右会脱去鹿茸。古代传说，如果到了夏至，鹿仍不脱去鹿茸，将会天下大乱。

印度古代民间传说中有一个五色鹿的故事：

有一位菩萨降生为鹿王，它的身材非常高大，身上的毛有青、黄、赤、白、黑五种颜色。它的蹄和角长得奇特雅致，群鹿都很敬畏它，尊它为首领。有一天，国王出宫狩猎，鹿群被狩猎队伍冲散，有的被逼跳下悬崖，有的掉

清代汪绂图本

到坑洞里，有的挂在树上飘荡，有的掉入荆棘丛里，死伤无数！鹿王见此惨状，心里很悲伤，觉得是自己的罪过。于是，鹿王决定亲自觐见国王，让国王知道狩猎对鹿群的伤害。

鹿王走到京城，一路上没人敢阻挡它。到了皇宫，鹿王在大殿觐见国王，下跪请求，劝说陛下不要再进行狩猎，鹿群会各自安排日子自愿来皇宫进贡。国王答应了。鹿王谢过国王的恩赦，回到草原。它召集群鹿，解释它和国王的谈判内容。于是群鹿听从鹿王的意见，自动把进贡的顺序排出来。

有一天，轮到一只即将临盆的母鹿进贡，这位鹿妈妈想生下小鹿再去赴死。鹿王不忍心看到刚出生的小鹿和妈妈生离死别，于是它避开大家，自己偷偷进宫觐见，准备受死。国王得知后潸然泪下，说："竟然有这样的事啊！畜生都能胸怀仁心，牺牲自己救济其他的鹿。我现在贵为人君，却每天夺走众生的性命，靠着吃众生的肉来滋养我的身体。我这么凶狠残暴，这不是正在效法豺狼的行为吗？"之后，国王就昭告国民都不准再狩猎了。

> 鹿是长寿的仙兽，传说，一千年的鹿为苍鹿，两千年的为玄鹿，民间传说中的老寿星总是与鹿相联系。鹿的形象出现在绘画、壁画、纹饰、雕塑等很多艺术创作当中，并且其中很多鹿还经常以"伏鹿"的形象出现，暗合"福禄"之意。

举父
jǔ fù

胳膊上有斑纹的猿人

《西山经》

有兽焉，其状如禺而文臂，豹虎而善投，名曰举父。

明代蒋应镐图本

形态 像猿猴，胳膊上有斑纹，长着豹子一样的尾巴
技能 擅长投掷
住址 崇吾山

西方第三列山系最东边的一座是崇吾山，山里生活着一种叫举父的野兽，它样子像猿猴，胳膊上长有斑纹，尾巴像豹尾，擅长投掷、攀爬跳跃。"举父"这一名字的来历，还有另外一种说法，它有抚摸自己的头的习惯，能举起石头砸人，所以名为举父。

> 山魈与举父比较像。山魈（xiāo）也是猿类，而且异常凶猛，敢与虎豹对抗。山魈牙齿尖锐，爪子锋利。它的臂力很大，是普通成人的三倍左右，对各种敌害都有威胁性。领头的老山魈彪悍勇猛，发起怒来，连虎豹也对它敬畏三分。

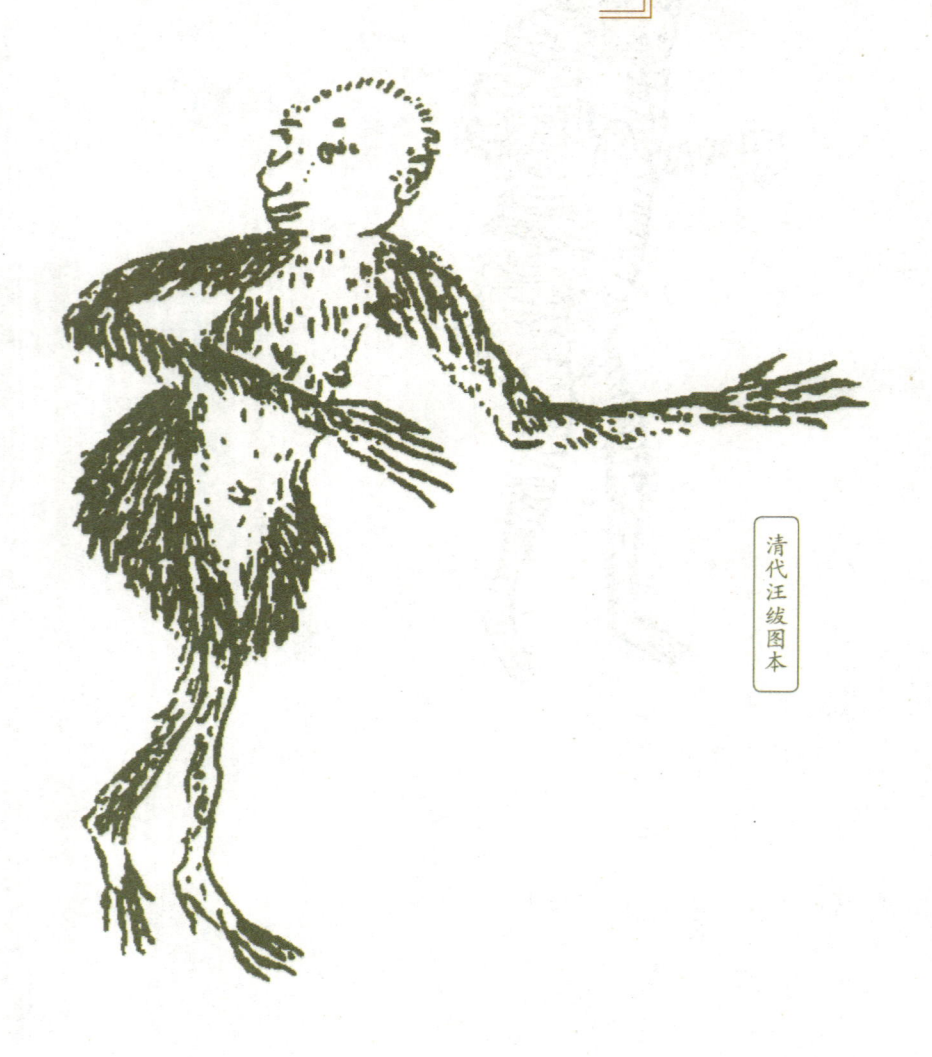

清代汪绂图本

清代《尔雅音图》

清代《禽虫典》

陆吾 lù wú

九尾虎

《西山经》

西南四百里，曰昆仑之丘，是实唯帝之下都，神陆吾司之。其神状虎身而九尾，人面而虎爪。是神也，司天之九部及帝之囿时。

明代蒋应镐图本

形态 有着老虎的身子和九条尾巴，一副人的面孔，还长着老虎的爪子
职能 监管天上九域以及天帝出巡的时节
住址 昆仑丘

063

槐江山往西南方向四百里是昆仑丘，它是天帝设立在下界的城市，由天神陆吾主管。这位天神有着人一样的脸、老虎一样的身子；他还有九条尾巴，长着老虎一样的爪子。他兼管天上九域以及天帝出巡的时节，因此又称天帝之神。

禹接受天帝任命到下界治水，这惹恼了水神共工。共工自恃奉天帝旨意，怎么肯听大禹的指挥。于是，共工发誓要和大禹一决高下，正好可以大显神威。共工带着洪水从西方滚滚而来，大水一直淹到"空桑"（现在的山东曲阜），导致整个中原汪洋一片。

陆吾使用神力，努力抵挡水神共工。传说，陆吾和共工战了九次，结果虽然都失败了，但他为大禹争取了时间。大禹在茅山召集群神，共同商讨征伐共工的方法。自此茅山也就改名为"会稽山"了，即所谓"会聚计议"的意思。

明代胡文焕图本

诸神接令后，不敢怠慢，都如期赴会，只有巨神防风氏姗姗来迟。大禹责怪防风氏不遵守命令，将其斩首示众，借以整肃纪律，警示诸神，共同抗敌。共工和天下群神作对，自然不会有好结果，不久就被大禹赶跑了。

> 1992年，在淮北市时村的汉墓中出土了关于陆吾的雕刻作品，里面的陆吾虽是人面虎身，但只有一头一尾。据此，考古学者认为在唐代之前，还没有人认为陆吾和开明兽有九尾或者九首的。

清代汪绂图本

狰
zhēng

五尾独角兽

《西山经》

又西二百八十里,曰章莪(é)之山。无草木,多瑶碧,所为甚怪。有兽焉,其状如赤豹,五尾一角,其音如击石,其名如狰。

明代蒋应镐图本

形态 像赤豹,长着五条尾巴和一只角
叫声 像敲击石头的响声
爱好 以虎豹为食
住址 章莪山

长留山再往西二百八十里是章莪山。山中生活着一种野兽，名字叫狰。它长得像赤豹，却有五条尾巴和一只角。它吼叫的声音像敲击石头发出的响声。相传，它异常凶猛，以虎豹为食。

狰是一种恶兽，曾经祸乱人间。钟山山神烛龙路过章莪山时，将它收服。此后，狰便成了烛龙的随从。狰受到烛龙潜移默化的影响，暴戾之气渐消，变得乐于助人，最终成为一种瑞兽。

《山海经》中，长有一只角的怪兽并不只有狰，《西山经》中曲山上的䮝也是。䮝像马，头顶有一只角，白身、黑尾，牙齿和爪子就和老虎的一样锋利，发出的声音如同击鼓的响声。

明代胡文焕图本

清代汪绂图本

獓𤝞 áo yē
四角牛

《西山经》

是山也,广员百里。其上有兽焉,其状如牛,白身四角,其豪如披蓑。其名曰獓𤝞,是食人。

唐代《山海百灵图卷》

形态 像牛,身子是白色的,头上长着四只角,身上的硬毛又长又密,好像披着蓑衣

技能 吃人

住址 三危山

三危山占地广，方圆百里。山上有一种野兽，名叫獓狠。它的样子像牛，身子是白色的，头上还长着四只角。它身上的硬毛又长又密，好像披着蓑衣。它很凶猛，是一种食人兽。

獓狠以吃活物为生，最喜欢吃人，它是上古时期的十大凶兽之一，其凶狠度和穷奇不相上下。它喜欢为祸世间，后被上古神人用阵法收服，被囚在了蓬莱仙岛。

明代蒋应镐图本

天狗
tiān gǒu

声如猫叫的白头狗

《西山经》

有兽焉，其状如狸而白首，名曰天狗。其音如榴榴，可以御凶。

日本《怪奇鸟兽图卷》

形态 像狸猫，白脑袋
叫声 常发出"喵喵"的叫声
功效 人饲养它便可以御凶
住址 阴山

扫码听故事

从章莪山再往西三百里是阴山。山中栖息着一种野兽，像狸猫，白脑袋，名叫天狗，常发出"喵喵"的叫声，人饲养它便可以抵御凶害。

白鹿原上原来有一个叫狗枷堡的村子，在秦襄公的时候，曾有天狗降临，只要有贼，天狗就疯狂地叫，从而保护整个村子。天狗有吃蛇的本领，它也被看作可以抵御凶灾的奇兽。

传说，后羿为民除害，射下了九个太阳，王母娘娘为了奖赏后羿，便赠他灵药。谁知，嫦娥偷吃了灵药，独自

明代蒋应镐图本

升天。门外，后羿的猎犬黑耳看见这个景象，就大叫着扑进屋内，把剩下的灵药舔干净。嫦娥听见黑耳的叫声，慌忙躲进月亮里。而黑耳毛发直竖，身体不断变大，一下子扑上去，把月亮吞到肚子里了。当时玉帝及王母娘娘得知月亮被一条黑狗吞了，就下令天兵去捉拿。捉住黑狗后，天兵向王母娘娘复命。王母娘娘认出来这是后羿的猎犬，就封它为天狗，命其守护南天门。黑耳受到恩封，就把月亮和嫦娥吐出来了。

由于缺乏天文学知识，古人把日食、月食现象说成是"天狗吃太阳"或"天狗吃月亮"。所以，这种现象出现时，人们会敲锣打鼓或者放鞭炮来吓走天狗。

狗是中国古代的六畜之一，因它天性忠诚，还被用来狩猎和看家。这件灰陶狗身躯肥大、形象逼真，正虎视眈眈，昂头狂吠，应该是看守犬的形象。

清代吴任臣乾隆图本

谨 huǎn

独眼的狸猫怪

《西山经》

西水行百里，至于翼望之山。无草木，多金玉。有兽焉，其状如狸，一目而三尾，名曰谨，其音如百声，是可以御凶，服之已瘅（dàn）。

明代蒋应镐图本

形态 像狸猫，一只眼睛、三条尾巴
技能 能发出百种动物的鸣叫声
功效 可以祓除凶邪之气，人吃了它的肉就能治好黄疸病
住址 翼望山

从泑（yōu）山往西走一百里水路就到了翼望山，山中有一种野兽，体形和常见的狸猫很像，但是只长着一只眼睛，屁股后面还长了三条尾巴，它的名称叫讙。据说，它能发出百种动物的鸣叫声，饲养它可以避凶邪之气，人吃了它的肉就能治好黄疸病。

讙的模样与山㹈非常相似，但是它只有一只眼睛，尾巴分成三条。讙平时不喜欢活动，只有缺少食物的时候，它才会出去捕捉猎物。它走夜路时，趴在地面爬行，吓唬来往的旅人。因为它是避邪之物，所以一不小心就会被人抓到，被当作宠物养起来。尽管它对人类的生活有益，但失去自由的它，却变得很可怜。

> 《山海经》中不仅有独目的怪兽，还有独目的人，他们就是钟山东边的一目国人。陕西省神木市的石峁（mǎo）遗址中有一件小玉人，只有掌心大小，上面刻了一个只有一只眼睛的人，与《山海经》中所说的"一目国人"十分相似。

清代《禽虫典》

明代胡文焕图本

白鹿 bái lù

白色毛皮的瑞兽

《西山经》

又北百二十里，曰上申之山。上无草木，而多硌（luò）石，下多榛楛（hù），兽多白鹿。

清代汪绂图本

形态 毛皮白色
住址 上申山

扫码听故事

上申山上的野兽以白鹿居多，它是一种瑞兽。古人认为，普通的鹿生长千年，毛皮会变成苍色；再长五百年，它的毛皮才能变白。由此可见，白鹿非常珍贵。据说，只有在天子体察民情、政治清明的时候，白鹿才会出现。

唐朝时，一个叫李渤的人住在五老峰的一个山洞里隐居读书，整整两年他都没有离开山洞。一天，一群神鹿脚踏祥云而来，其中一只白鹿，看到李渤正在晨读，被他的刻苦精神感动。为了陪伴李渤读书，它飞下云际，来到李渤身边，成了李渤形影不离的伴侣。

黎明，白鹿引颈长鸣，唤醒李渤离开山洞，迎着朝霞读书；夜晚，山风飕飕，白鹿衔来一件长袍，轻轻给李渤披上御寒；深夜，李渤疲惫地伏案而睡，白鹿只身奔进深山，衔来山参送到书案之上，给李渤食用，振作精神。

有一次，李渤躺在山岩上读书，因为太困睡着了。这时，乌云四起，山雨欲来，白鹿当即一声鸣叫，唤来五老峰的鹿群，簇拥着李渤，为他遮风挡雨。李渤醒来后，抚摸着满身淋湿的白鹿，感动得流出了热泪。从此，他们之间的感情更加深厚。

为了使李渤专心读书，白鹿还主动承担了购买纸墨笔砚的任务。只要主人将钱和要买的物品清单放进袋子里，挂在鹿角上，它就从洞里出发，跑到落星湖畔的小镇里，将东西买回来。

后来，李渤功名成就，当了江州刺史，等他再来洞中寻找白鹿，却已不见了踪影。原来，白鹿早就腾云驾雾返回天庭了。为了纪念白鹿，李渤将当年读书的山洞改名白鹿洞。据说，目前中国仅有的三只白鹿都在庐山的白鹿洞书院中。

白狼
bái láng
雪白的北极狼

《西山经》

又北二百二十里，曰盂（yú）山。其阴多铁，其阳多铜。其兽多白狼、白虎。

唐代《山海百灵图卷》

今名 北极狼
形态 毛皮白色的狼
技能 预示国泰民安
住址 盂山

孟山多白狼。在中国古代，白狼是一种祥瑞的动物，它的出现往往和圣人及改朝换代有关。白狼只会出现在有仁君的时代，乱世是绝不会出现的，而且只有德高望重的人才能见到白狼。孟子说五百年必有圣人出，因此当商朝取代夏朝的时候，祥瑞的白狼就出现了，预示着商朝将替换夏朝统治天下。

周穆王准备征伐犬戎时，大臣祭公谋父劝阻穆王，因为一直以来，犬戎王都会定期来朝见周王。但周穆王不听劝阻，执意征讨。后来，犬戎被打败，向北逃去。不仅如此，穆王还得到了四头白狼和四头白鹿。白狼是祥瑞的征兆，每个得到它的人都认为自己的道德高尚，从而获得了白狼的青睐。

> 传说犬戎族是两只白犬的后代，性情凶猛。在汉代，犬戎发展成为西戎白狼国。直到唐代，中原人还把所有具有彪悍性格的西北游牧民族统称为犬戎。

清代汪绂图本

白虎 bái hǔ

身上没有一条花纹的老虎

《西山经》

又北二百二十里，曰盂山。其阴多铁，其阳多铜。其兽多白狼、白虎。

清代汪绂图本

形态 白色老虎
技能 只有当君主德至鸟兽、仁政爱民时，白虎才会出现
住址 盂山

孟山中的动物都是白色的，除了有很多白狼外，还生活着白虎。和白狼一样，古人认为，只有当君主德至鸟兽、仁政爱民时，白虎才会出现。

然而，在秦昭襄王时，关中平原出现了一只白虎，它率领虎群肆虐乡间，残害百姓，无人可敌。为了挽救百姓，昭襄王贴出榜文，杀虎者悬赏千金。但白虎狡黠（xiá）勇猛，很多英雄都惨遭不测。当时，夷人住在秦国的西面，他们善于狩猎，但和秦人不和。无奈，秦昭襄王只得盛情邀请夷人前来灭虎。夷人首领廖仲药、何射虎、秦精三人技艺超群，受邀而来。他们用白竹子做成弓弩，爬到高楼上射杀白虎。三箭齐发，正中虎头。白虎痛苦异常，像疯了一样发起怒来，竟然将平时跟随它的虎都杀了，自己也惨叫着死去。白虎之患，终于解除，夷人首领和昭襄王也借此订立了友好盟约。

> 在传统文化中，白虎是一种瑞兽。它和苍龙、朱雀、玄武并列，是天之四灵之一。它是代表西方的灵兽，因为西方属金、色白，故称白虎。它代表的季节是秋季。

驳 bó

老虎见了都害怕的神马

《西山经》

又西三百里，曰中曲之山。其阳多玉，其阴多雄黄、白玉及金。有兽焉，其状如马而白身黑尾，一角，虎牙爪，音如鼓，其名曰驳，是食虎豹，可以御兵。

《海外北经》

有兽焉，其名曰驳，状如白马，锯牙，食虎豹。

明代蒋应镐图本

形态 像马，白身和黑尾，头顶有一只角，牙齿和爪子就和老虎的一样锋利

叫声 像击鼓的响声

习性 以老虎和豹子为食

功效 饲养它可以避免兵刃之灾

住址 中曲山

英鞮（dī）山往西三百里是中曲山，山中有一种野兽，名为驳。它的体形像马，却有着白色的身子和黑色的尾巴，头顶有一只角。它的牙齿和爪子就和老虎的一样锋利，发出的声音像击鼓的响声。驳是兽中的英雄，是威猛的野兽，能吃老虎和豹子。据说，饲养它可以避免兵刃之灾。

传说，齐桓公骑马出行，迎面来了一头老虎，老虎不但没有扑过来，反而趴在原地不敢动。桓公很奇怪，就问管仲。管仲回答说："您骑的是驳马，它能吃虎豹，所以老虎很害怕，不敢上前。"

关于驳，《宋史》中也有记载。顺州山中有种奇异的怪兽，样子像马，却能吃虎豹。当地人不认识，便请教刘敞。刘敞回答那是驳，还说出了它的样子。问话的人很惊奇，问他怎么知道的，他说读了《山海经》和管子的书才得知的。

> 在《山海经》中的上等骏马身上，也可发现异兽的灵性，它们性情刚烈，极富力量，甚至可以与虎狼一搏。《山海经》的第八卷《海外北经》中提到北海内也有一种名为驳的怪兽，白身牛尾，长着锯齿一样的牙齿，能食虎豹，却没有长角。

明代蒋应镐图本

明代胡文焕图本

清代汪绂图本

084　陪孩子读《山海经》·走兽篇

穷奇

qióng qí

长着刺猬毛的牛怪

《西山经》

又西二百六十里，曰邽（guī）山。其上有兽焉，其状如牛，蝟（wèi）毛，名曰穷奇，音如狗，是食人。

《海外北经》

穷奇状如虎，有翼，食人从首始，所食被发。在犬北。一曰从足。

明代蒋应镐图本

形态 像牛，但全身长着刺猬毛
声音 像狗叫
技能 吃人
住址 邽山

085

中曲山往西二百六十里是邽山，山上生活着一种野兽，像牛，但全身长着刺猬毛，它的名字叫穷奇。它发出的声音像狗叫，能吃人。

传说，穷奇能听懂人的话，而且它颠倒黑白，奖恶惩善。它听到有人争斗，就会把胜利的一方吃掉；听说谁忠信，它就会吃掉那人的鼻子。但当它知道谁恶逆不善时，反而会衔着兽肉奖赏他。

天帝少昊有一个不肖之子，他诋毁忠良，包庇奸人，所作所为跟穷奇类似，人们十分痛恨他，就称他为穷奇。

穷奇又是大傩十二神中食蛊的逐疫之神，又称天狗，众妖邪见了它，都会仓皇逃走；后世画像中的穷奇大多就是以大傩之神的面目出现的。

> 穷奇传到日本之后变成了长有两把镰刀模样的镰鼬。图中，高高的树梢上，穷奇来回地旋转飞舞。旋风最里面的穷奇张牙舞爪，好像那些树枝、树叶都是被这两把"镰刀"割下来的一样。

清代汪绂图本

河南南阳汉画像石

鎌鼬

日本 鸟山石燕绘

水 shuǐ 马 mǎ

牛尾马

《北山经》

其中多水马,其状如马,而文臂牛尾,其音如呼。

明代胡文焕图本

今名 河马
形态 外形和马相似,但前腿上长有花纹,拖着一条牛尾巴
叫声 像人在呼喊
技能 象征着吉祥
住址 求如山滑水

滑水中还生长着很多水马，它的外形与马相似，但前腿上有花纹，后面拖着一条牛尾一样的尾巴。它嘶吼的声音就像人在呼喊。

水马是一种灵瑞之兽，它的出现是吉祥的征兆。史书中记载，历代有人曾在河水、方泽中得到的神马、异马，其实都是水马。水马被视为灵异之兆，所以又叫龙精。

> 古人羡慕鹿和马灵活、矫健的身姿，从而把它们看成是美好的象征。"马头鹿角金步摇"，是模仿鹿与马的形象制成的，南北朝鲜卑族贵妇常佩戴在头上，有避邪和祥瑞的意义。步摇上的桃形叶片是活动的，随着佩戴者脚步的移动，叶片会摇摆而发出清脆的声响。

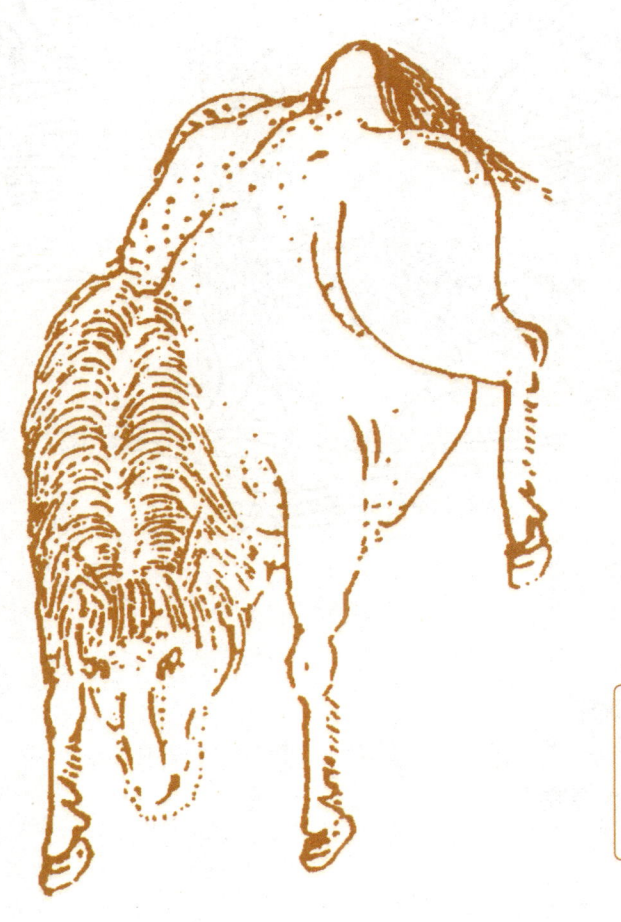

清代汪绂图本

橐驼
tuó tuó

沙漠之舟

《北山经》

又北三百八十里,曰虢(guó)山。其上多漆,其下多桐椐(jū)。其阳多玉,其阴多铁。伊水出焉,西流注于河。其兽多橐驼。

明代蒋应镐图本

今名 骆驼
形态 体形庞大而优雅
技能 擅长在流沙中行走,能日行三百里,可身负千斤重量,并知道水源在哪里
住址 虢山

涿光山再往北三百八十里是虢山，山中的野兽大多是橐驼。橐驼就是骆驼，是著名的"沙漠之舟"。

古人认为，骆驼擅长在流沙中行走，能日行三百里，可身负千斤重量，并知道水源在哪里。只要有骆驼的地方，就会有泉水。骆驼主要用途是运输，它在古代的交通和战争中发挥了巨大的作用。尤其是，它对丝绸之路沿线商业的发展发挥了举足轻重的作用。

骆驼体形庞大而优雅，因背上的肉峰可以贮存水分和养料，可以十几天不吃不喝，具有极佳的耐力。这件是唐代的三彩骆驼，单峰高耸，引颈昂首，张口嘶鸣，健壮的四足和匀称的体态显示出它雄健的体魄，是唐三彩中难得一见的珍品。

清代汪绂图本

骆驼是干旱、半干旱地区重要的坐骑。在这里有一支特殊的兵种，在战斗中发挥着无可替代的作用，那就是骆驼兵。在印度的阅兵仪式上，还曾出现过骆驼兵方阵。除印度外，我国也有骆驼兵。在有"生命禁区"之称的阿拉善戈壁边境，骆驼兵被当地百姓亲切地称为"共和国的驼兵"。虽然边防兵已经装备了汽车，但当需要进入杳无人烟的沙漠深处时，只能依靠军驼。骆驼的鼻子对水源特别敏感，几公里之外的水源都能闻得到。最重要的是，骆驼可以连续七天七夜不吃不喝。

清代《吴友如画宝》

那(nà)父(fù) 白尾牛

《北山经》

又北三百二十里,曰灌题之山。其上多樗(chū)、柘(zhè),其下多流沙,多砥(dǐ)。有兽焉,其状如牛而白尾,其音如詨(xiào),名曰那父。

形态 像牛,拖着一条白色的尾巴
声音 像人在高声呼唤
住址 灌题山

单张山再往北三百二十里是灌题山,山里栖息着一种野兽叫那父。它的形状像牛,后面拖着一条白色的尾巴。它发出的声音就像人在高声呼唤。

那父其实就是一种古老的野牛。很久以前,壮族的先民去打猎,有个人捕获了一头野牛。因为家里还有别的食物,他就先将这头野牛养了起来。让他惊喜的是,没过几天,野牛竟产下一头小牛犊。先民认为,这是神赐给他的礼物,便决定不再宰杀母牛,而是悉心驯养它,让它犁地。这就是耕牛的由来。从此,人们摆脱了繁重的劳动,农业生产也前进了一大步。

> 牛这种动物,虽体高力大,却非常温顺,在中国农业的发展过程中起到了不可替代的作用。它也曾以力大勇猛的形象出现,如《山海经》中多次出现的犀和兕。除了兽以外,牛还被赋予了神异的色彩,如五星二十八宿之一的星宿神,就骑着一头健壮的黑牛。

清代汪绂图本

清代《禽虫典》

诸犍 zhū jiān

独目豹

《北山经》

又北百八十里,曰单张之山。其上无草木。有兽焉,其状如豹而长尾,人首而牛耳,一目,名曰诸犍,善吒,行则衔其尾,居则蟠其尾。

唐代《山海百灵图卷》

形态 像豹子,人头、牛耳、独目、长尾巴
爱好 喜欢大声吼叫
技能 善射
住址 单张山

蔓联山再往北一百八十里是单张山，山上栖息着一种野兽，它叫诸犍，形状像豹子，身后拖着一条长长的尾巴，还长着人的脑袋和牛的耳朵，只有一只眼睛。诸犍能发出很大的声音，它行走时衔着尾巴，休息时盘着尾巴。

诸犍之所以衔着尾巴走路，是为了避免自己发出吼叫声而吓跑了猎物。虽然它只长了一只眼睛，但是却能敏锐地观察到猎物的出现。发现猎物后，它会先用嘴衔住尾巴，悄悄地靠近猎物。当猎物进入捕捉范围内，它会突然发动攻击。猎物还没有搞清状况，就已经成了它的盘中餐。

> 动物的尾巴有长有短，用途也不一样。狮、虎、豹长着长尾巴，那是它们作战时的一种武器，在与其他动物搏斗时，只要抓住机会，一甩尾巴，就可以把对方打倒。鹿的尾巴又小又短，但它却是重要的报警器。当发现危险时，鹿会竖起尾巴，向同伴示警。

明代蒋应镐图本

窫窳
yà yǔ
红身子人面兽

《北山经》

又北二百里，曰少咸之山。无草木，多青碧。有兽焉，其状如牛，而赤身、人面、马足，名曰窫窳。其音如婴儿，是食人。

明代蒋应镐图本

形态 像牛，却长着红身、人脸、马蹄
叫声 像婴儿哭
技能 吃人
住址 少咸山

敦薨（hōng）山再往北二百里是少咸山，山中栖息着一种野兽，名叫窫窳。它的样子像牛，却长着红色的身子、人的面孔、马的蹄子。它发出的声音像婴儿啼哭，是会吃人的野兽。

传说，窫窳本是天神，长着蛇身人脸。黄帝时代，天神贰负受天神危的挑唆，谋杀了窫窳。黄帝知道了以后十分震怒，就处死了危，重罚了贰负。黄帝又命天神把窫窳抬到了昆仑山，让几位巫师用不死药救活了他。谁知窫窳复活之后，竟神志迷乱，掉进昆仑山下的弱水里，变成了恶兽。

后来在帝尧时期，窫窳和凿齿、九婴、修蛇等怪物一同出来害人，尧便命后羿为民除害，将吃人的窫窳杀死了。

明代蒋应镐图本

明代蒋应镐图本

清代《禽虫典》

100　陪孩子读《山海经》·走兽篇

貘貒䝙貐虎爪食人迅走

清代《尔雅音图》

骄马

bó mǎ

长着牛尾的独角马

《北山经》

又北三百五十里，曰墩头之山。其上多金玉，无草木。旄水出焉，而东流注于邛泽。其中多骄马，牛尾而白身，一角，其音如呼。

明代蒋应镐图本

形态 有牛一样的尾巴和白色的身子，头上还长着一只角
叫声 像人在呼喊
住址 墩头山

诸余山再往北三百五十里是墩头山，山上有丰富的金属矿物和玉石，没有花草树木。旄水发源于此，向东流入邛（qióng）泽。墩头山上有很多䮸马，它有白色的身子和牛一样的尾巴，头上还长着一只角，发出的声音像人在呼喊。

据记载，东晋年间，曾经有人在九真郡（现在的越南）捕获过一匹䮸马。如今，在越南的安南山脉中，还存活着一种"亚洲独角兽"。因为从侧面看上去，它好像只长了一只角；而实际上，它是长有两只角的中南大羚。

清代汪绂图本

䮸马是一种神兽，有角的叫䮸，没有角的则称为騏。

清代《禽虫典》

狍鸮

páo xiāo

眼睛长在腋下的人面羊

《北山经》

又北三百五十里,曰钩吾之山。其上多玉,其下多铜。有兽焉,其状如羊身人面,其目在腋下,虎齿人爪,其音如婴儿,名曰狍鸮,是食人。

明代蒋应镐图本

形态 身子像羊,人脸,眼睛长在腋下,牙齿同老虎的相似,爪子像人脚
叫声 像婴儿啼哭
技能 吃人
住址 钩吾山

墩头山再往北三百五十里是钩吾山，山上遍布着各色美玉，山下则蕴藏着丰富的铜。有一种叫狍鸮的野兽在此栖息，它的身子像羊，长着人的面孔，而眼睛却长在腋窝下面。它的牙齿像老虎牙，爪子又像人的手。它发出像婴儿啼哭般的声音。狍鸮十分凶恶，会吃人，吃不完时，还要把人身的各个部分咬碎。

狍鸮就是饕（tāo）餮（tiè）。黄帝大战蚩尤时，蚩尤被斩，它的头落在地上，便化为了饕餮。这种怪兽十分贪吃，把能吃的都吃掉之后，竟然把自己的身体也吃了，最后只剩下一个头。在商周的青铜鼎上，铸有饕餮的形象，但因为身体已经被它自己吃掉了，所以只有头部。鼎最初是用来盛食物的，它的上面铸饕餮是为了警示食客不要太贪吃。

因为饕餮是蚩尤死后化生的，所以性情格外凶残、贪吃。商周时期用于献祭的礼器常以饕餮为纹饰，希望能凭借它的威猛守护器物中的食物。

清代汪绂图本

清代《禽虫典》

106　陪孩子读《山海经》·走兽篇

独狳 dú yù

马尾狗头虎

《北山经》

又北三百里，曰北嚣之山。无石，其阳多碧，其阴多玉。有兽焉，其状如虎，而白身犬首，马尾彘鬣，名曰独狳。

唐代《山海百灵图卷》

形态 像老虎，白身子，狗头、马尾，毛像猪鬃
住址 北嚣山

扫码听故事

钩吾山再往北三百里是北嚣山，山上没有石头，山坡遍布着美玉。独狢就在北嚣山中栖息着。它的样子像老虎，身子是白色的，却长着狗的脑袋、马的尾巴，身上的毛就像猪鬃。

在清代掌故逸闻汇编《清稗类钞》一书中，记载了蒋叔南搏狗头虎的故事。温州雁荡山有一个净名寺，蒋叔南常在这里读书。一天午饭后，他向远处眺望，瞥见寺院内的竹林里，有一只异兽正在猎食一头羊。仔细一看，这异兽长着虎身狗头，正是人们常说的狗头虎。

蒋叔南招呼同伴来看。一姓周的同伴说："我们把这只狗头虎抓来，当作下酒菜，该有多好！"大家欣然同意。于是，同伴五人都拿上硬木棍去抓。三个人出大门恐吓，两个人在后面伏击。狗头虎发现三个人正向它逼近，掉头便逃。此时，蒋叔南举起木棍，击中了它的耳朵。狗头虎大叫一声，转过头来，跳墙逃走了。五个人大喊着追击。狗头虎沿着小溪奔逃，它经过的地方都是飞沙走石。这时，一位老者对蒋叔南等人说："你们没有带火器，怎是它的对手?!"五人听后十分后怕，不敢再追。

明代蒋应镐图本

驿 hún

长着鸡爪的四角羚羊

《北山经》

北次三山之首，曰太行之山。其首曰归山，其上有金玉，其下有碧。有兽焉，其状如羊而四角，马尾而有距，其名曰驿，善还，其名自詨（xiào）。

唐代《山海百灵图卷》

今名 马鹿
形态 像羚羊，头上有四只角，还长着马一样的尾巴和鸡一样的爪子
叫声 像在呼唤自己的名字
技能 能够轻易翻越高山险峰，并且善于旋转起舞
住址 归山

归山里栖息着一种野兽，形状像羚羊，头上却有四只角，还长着马一样的尾巴和鸡一样的爪子，名字叫𤟤。它不光样貌奇异，而且本领高强，能够轻易翻越高山险峰。最奇特之处是，它还善于旋转起舞。它发出的叫声就像在呼唤自己的名字。

𤟤是一种古老的四角羊。羊长四只角是遗传变异所致，四角羊成活率不足百万分之一，所以说异常罕见。通常，其中的两只犄角比较大，笔直地长在头顶左右两端，和羚羊角很像；两只犄角较小，而且是弯的，像一对大耳环般左右对称地长在两耳上方。整体看，四只角就像一顶威风凛凛的王冠。四角羊体格比同龄羊健硕，奔跑速度也更快，而且非常好斗。

明代蒋应镐图本

天马 tiān mǎ

黑脑袋飞马

《北山经》

又东北二百里，曰马成之山。其上多文石，其阴多金玉。有兽焉，其状如白犬而黑头，见人则飞，其名曰天马，其鸣自詨（xiào）。

日本《怪奇鸟兽图卷》

- **今名** 马鹿
- **形态** 像白狗，却长着黑色的脑袋
- **叫声** 犹如呼唤自己的名字
- **技能** 能腾空飞起
- **住址** 马成山

龙侯山再往东北二百里是马成山，山里栖息着一种叫天马的神兽，形状像白狗，却长着黑色的脑袋。它还长有翅膀，一看见人就腾空飞起。它叫起来就像在呼唤自己的名字。

天马是我国古人喜欢的一种神兽，传说它在天上名叫勾陈，在地上就叫天马。它的形象经常出现在各种装饰器物中。

《史记》中记载，汉武帝曾得到一匹非常好的乌孙马，名叫"天马"。它体格强壮，日行千里，赶得上大宛的汗血宝马了。后来，汉武帝将那匹乌孙马改名为"西极"，而称大宛马为"天马"。

> 中国历史上最有名的马，当属吕布的坐骑赤兔马了。赤兔马本是董卓从西凉带来的宝马，可日行千里，夜行八百，渡水登山如履平地。董卓爱惜吕布的才能，把这匹宝马送给了他。自此，这匹马跟随吕布大展神威。

明代蒋应镐图本

飞鼠
fēi shǔ

会飞的鼠头兔

《北山经》

又东二百里,曰天池之山。其上无草木,多文石。有兽焉,其状如兔而鼠首,以其背飞,其名曰飞鼠。

明代蒋应镐图本

形态　像兔子,却长着老鼠的头
技能　能够借助背上的毛飞行
功效　肉可以食用,皮还能治疗难产
住址　天池山

咸山再往东北二百里是天池山，山上没有花草树木，有很多带有花纹的美石。山中生活着一种名叫飞鼠的野兽，它的样子像兔子，却长着老鼠的头。它背上长着很长的毛，平时收起来，要飞的时候就将毛扬展开，借助背上的毛飞行，飞的时候仰面朝上。

据说，明朝天启三年十月，凤县出现很多大老鼠，它们长着肉翅但没有脚，毛黄黑色，尾巴毛皮丰满如貂，能够飞着吃粮食，当地人怀疑就是这类飞鼠。杨慎也在《山海经补注》中说，这类飞鼠在云南姚安、蒙化也有，他本人就亲眼见过。飞鼠的肉可以食用，皮还能治疗难产。

> 《山海经》中的飞鼠其实就是今天的鼯（wú）鼠。就外形描写来看与鼯鼠十分相似，尤其是它长有飞膜，能在树间快速滑行，但因为它没有像鸟类可以产生升力的翅膀，所以鼯鼠只能在树、陆中间滑翔。

清代吴任臣乾隆图本

领胡 lǐng hú

长着肉瘤的红尾巴野牛

《北山经》

又东三百里，曰阳山。其上多玉，其下多金铜。有兽焉，其状如牛而赤尾，其颈䰟，其状如句瞿，其名曰领胡，其鸣自詨（xiào），食之已狂。

明代蒋应镐图本

形态 像牛，红色的尾巴，脖子上有肉瘤
叫声 如同呼唤自己的名字
功效 吃了它的肉能治愈癫狂症
住址 阳山

天池山再往东三百里是阳山，山上有各色美玉，山下盛产金铜。山中有一种野兽，外形像牛，却长着红色的尾巴，脖子上长有肉瘤，高高凸起，形状像斗一样，它的名字叫领胡。它发出的吼叫声就像是在呼唤自己的名字，据说人吃了它的肉能治愈癫狂症。

印度瘤牛和领胡长相很相似。瘤牛脖子上方长着一个大牛峰，看起来像个大瘤子，因此而得名。在印度，雌性瘤牛被尊为圣牛。这是因为牛是主神湿婆的坐骑，敬牛如敬神。为了表示对牛的敬意，除了平日里向大神祈祷后，对牛进行朝拜外，印度还专门设立了为牛祈福的节日，即一年一度的敬牛节。

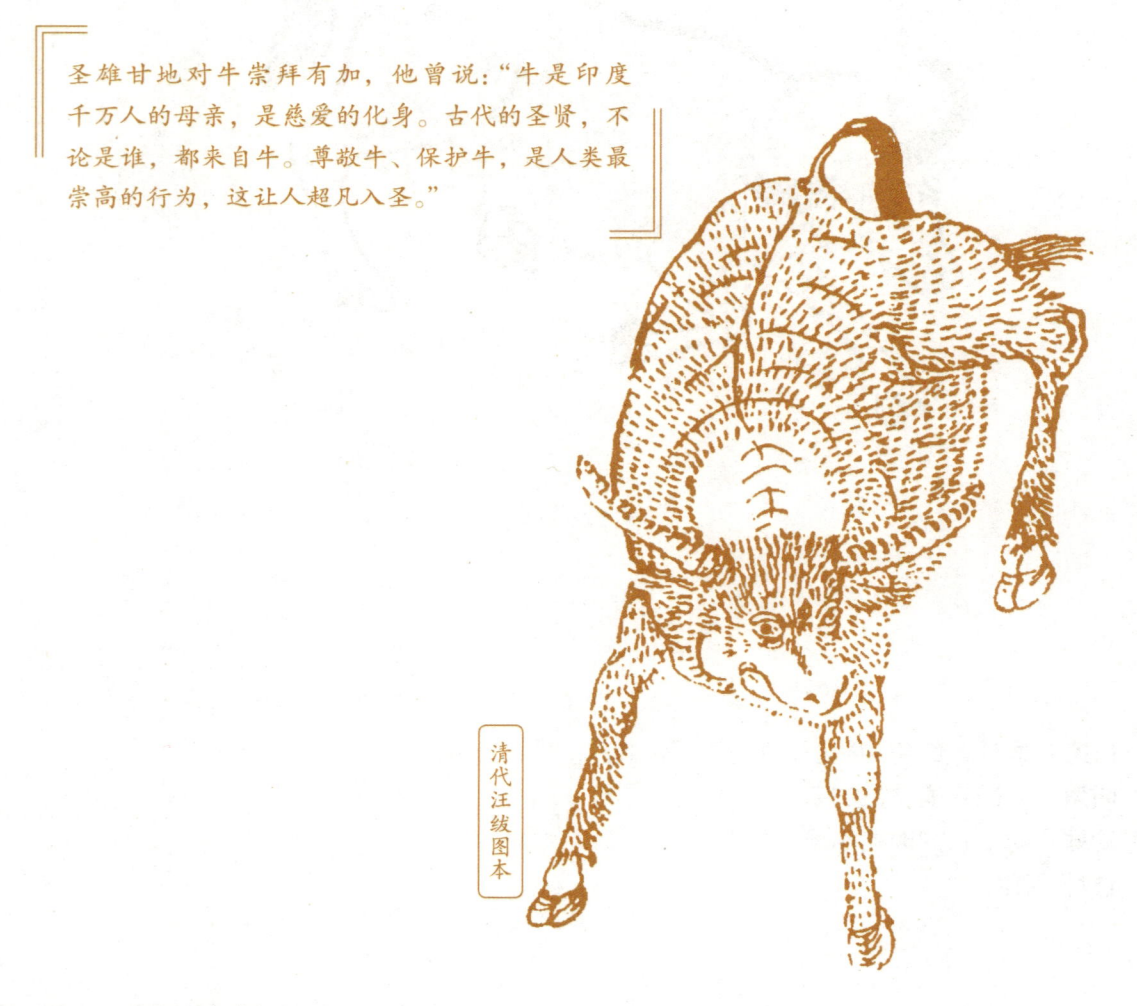

圣雄甘地对牛崇拜有加，他曾说："牛是印度千万人的母亲，是慈爱的化身。古代的圣贤，不论是谁，都来自牛。尊敬牛、保护牛，是人类最崇高的行为，这让人超凡入圣。"

清代汪绂图本

犪牛

清代《尔雅音图》

清代《禽虫典》

䍿䍿
dòng dong

眼睛长在耳后的独角羊

《北山经》

又北三百里，曰泰戏之山。无草木，多金玉。有兽焉，其状如羊，一角一目，目在耳后，其名曰䍿䍿，其鸣自詨（xiào）。

明代蒋应镐图本

形态 外形像羊，独角，独眼，眼睛长在耳后
叫声 犹如呼唤自己的名字
住址 泰戏山

扫码听故事

空桑山再往北三百里是泰戏山，山上寸草不生，但有丰富的金属矿物和各种玉石。泰戏山中生长着一种野兽，其长相怪异，外形像羊，却只长着一只角、一只眼睛，而且眼睛长在耳朵的背后，名字叫𢆉𢆉，它发出的叫声像是在呼唤自己的名字。

古时民间认为𢆉𢆉是一种吉祥之兽，它出现就会获得丰收。但皇宫中人说它是兆凶之兽，一出现宫中便会发生祸乱。

传说，西番国向尧帝进贡了一只独角羊。尧帝很高兴，下令让文武百官都来观赏。众大臣刚聚齐，就听一声惨叫，原来一个名叫孔壬的大官被这只怪兽抵死了。大臣们都很惊恐。此时，皋陶说："不要怕，这是一只神羊，善于判断是非。它抵谁，就说明谁做了坏事。"众人幡然醒悟。孔壬平时为非作歹，只是因为尧为人宽厚，才没有惩罚他。从此，这头独角羊成了正义的化身。后世把独角羊称作"獬（xiè）豸（zhì）"，绘在官服上，作为秉公执法的象征，一直沿用到清代。

明代胡文焕图本

清代汪绂图本

羆 pí

肛门长在尾巴上面的鹿

《北山经》

又北五百里，曰伦山。伦水出焉，而东流注于河。有兽焉，其状如麋，其川在尾上，其名曰羆。

明代蒋应镐图本

又名 羆九
形态 像麋鹿，而肛门却长在尾巴上面
住址 伦山

121

乾山再往北五百里是伦山。山中栖息着一种野兽，其外形像麋鹿，而肛门却长在尾巴上面，它的名字叫䍶，又称䍶九，它和像熊的䍶不是同一种野兽。

《儒林外史》中提到过叫"䍶九"的怪兽。郭孝子为了尽孝道，用了二十年寻找父亲。一天，他投宿在一个小庵里。当他和和尚一起吃斋饭时，看到一片红光，就像着了火一样。郭孝子慌忙丢下饭碗说："不好！起火了！"老和尚笑道："居士请坐，不要慌。这是我的'雪道兄'到了。"等他们吃完饭，老和尚指着窗外，对郭孝子说道："居士，你看！"郭孝子一看，前面山上蹲着一个异兽，它的头上有一只角，只有一只眼睛，却生在耳后。那只异兽名为"䍶九"，寒冰不管冻了几尺，只要它一声吼叫，立刻被震碎。由此可知，䍶九通身应该是火红色，而且吼声很厉害。

犰狳
qiú yú

长着鸟嘴鹰眼蛇尾的兔子

《东山经》

有兽焉,其状如菟(tù)而鸟喙,鸱(chī)目蛇尾,见人则眠,名曰犰狳,其鸣自詨(xiāo),见则螽(zhōng)蝗为败。

明代蒋应镐图本

外貌 外形像兔子,鸟嘴、鹰眼、蛇尾
叫声 像在呼唤自己的名字
技能 一看见人类就装死,能预示蝗灾
住址 余峨山

从葛山之首再往南三百八十里是余峨山，犰狳就生活在这里。犰狳的外形像兔子，却长着鸟嘴、鹰眼、蛇尾，它发出的叫声就像在呼唤自己的名字。犰狳十分狡猾，一看见人就躺下装死。它一旦出现就预示着有严重的蝗灾。

犰狳经常吃蔬菜、昆虫，它的肉很好吃。它披着一身铠甲，吃东西也不挑剔，再加上它白天藏起来，晚上才出来活动，它在这个世界上已经生存了五千五百万年。犰狳区别于其他动物最明显的特征是它的一副鳞状铠甲，就是因为这副铠甲，它被西班牙征服者称为"披甲猪"。阿兹特克部族的小贩还曾在村镇的集市上用犰狳肉换取可可豆，他们也发现犰狳肉"非常美味可口"。

> 犰狳是一种益兽，它每天要吃掉大量的白蚁、火蚁、甘蔗蛀虫、蝎子、切根虫和其他害虫。也许正因为如此，有虫灾的时候它才会出现。

獙獙 bì bì

声音像大雁的插翅狐狸

《东山经》

又南三百里，曰姑逢之山。无草木，多金玉。有兽焉，其状如狐而有翼，其音如鸿雁，其名曰獙獙，见则天下大旱。

明代蒋应镐图本

外貌 形状像狐狸，背上长着一对翅膀
叫声 像大雁鸣叫
爱好 害人
技能 预示旱灾，设陷阱
住址 姑逢山

缑（gōu）氏山再往南三百里是姑逢山。山上没有花草树木，山中蕴藏有丰富的金属矿物和各色美玉。山中有一种野兽，名叫獙獙。它长得像狐狸，背上还长着一对翅膀，它发出的声音像大雁鸣叫。它虽长着翅膀，却不会飞。它是一种凶兽，一旦出现，天下就会发生大旱灾。

与其他种类的狐狸不一样，獙獙生性多疑。它们将老巢安在悬崖的绝壁上，每天出门还要在家门口设下陷阱，以防被人或野兽偷袭。除了自保，它们还喜欢害人。如果遇到有人在山中采药，獙獙会在必经之路设下陷阱，导致采药人稍有不慎，就会跌落山谷。

清代汪绂图本

蜂蛭 lóng zhì

九头九尾的吃人狐狸

《东山经》

有兽焉，其状如狐，而九尾、九首、虎爪，名曰蜂蛭，其音如婴儿，是食人。

明代蒋应镐图本

- **外貌** 外形像狐狸，九头九尾，长有两只虎爪
- **叫声** 就像婴儿啼哭
- **技能** 吃人
- **住址** 凫（fú）丽山

姑逢山再往南五百里是凫丽山，山里有一种野兽叫蛊蛭，它的外形像狐狸，却有九条尾巴、九个脑袋，还长着老虎一样的爪子，吼叫起来就像婴儿啼哭。蛊蛭就是利用这一点来骗取人们的同情心，再找机会把靠近的人吃掉。

　　相传，野兽的尾巴是用来储存灵气的，当它吸收了足够的灵气，就会分裂出新的尾巴。当它裂变出第九条尾巴后，这个野兽就获得了不死之身。蛊蛭不仅长有九条尾巴，还长着九个脑袋，不难想象它有多厉害。

> 古人认为，铜器所发出的轰然巨响可以把蛊蛭一类的凶兽吓跑，使之远离人类。因此，为吓走凶兽，人们就铸造大型的铜器，并用云雷作为纹饰。

日本《怪奇鸟兽图卷》

128　陪孩子读《山海经》·走兽篇

清代《禽虫典》

明代胡文焕图本

清代汪绂图本

130　陪孩子读《山海经》·走兽篇

wǎn
hú

妴胡

鱼眼麋鹿

《东山经》

又东次三山之首，曰尸胡之山。北望山，其上多金玉，其下多棘。有兽焉，其状如麋而鱼目，名曰妴胡，其鸣自该（xiào）。

明代蒋应镐图本

今名 白唇鹿
外貌 样子像麋鹿，却长着一对鱼眼
叫声 就像在喊自己的名字
住址 尸胡山

东方第三列山系的第一座山叫尸胡山，山上有丰富的金属矿物和各种颜色的美玉，山下长有茂盛的酸枣树。妴胡就住在尸胡山上，它的样子像麋鹿，却长着一对鱼眼，发出的叫声就像在呼唤自己的名字。

清朝有个人叫郝懿行，他曾经见过妴胡。他奉朝廷之命册封琉球，回国时经过马齿山，有人送给他两头鹿。这两头鹿的毛色很浅，眼睛很小，而且像鱼眼。当地人说是海鱼变的，但郝懿行认为它们就是妴胡。

《中国古代动物学史》认为妴胡就是今天的白唇鹿。白唇鹿是中国的珍贵特产动物，在当地被视为"神鹿"，是一种古老的物种。它们一般在水草丰茂的大山周围出现。

清代汪绂图本

虎 hǔ

眼睛放光的老虎

《东山经》

又南水行八百里,曰岐山。其木多桃李,其兽多虎。

明代蒋应镐图本

今名 老虎
外貌 舌头很大且长有倒刺
住址 岐山

尸胡山再往南走八百里水路就到了岐山，山上有很多桃树和李树，还有很多野兽，主要以虎为主。

虎是山林之王，古人说它长着锯齿一样的牙齿、钩子一样的爪子；舌头跟人的手掌一样大，上面还长有倒刺。到了晚上，虎的一只眼睛会像电灯一样放光，另一只眼睛就能看见东西了。它的叫声就像打雷，山上的野兽都很害怕。

虎很威猛，是兽中之王，古人把它当成吉祥的象征。古代有很多民族把虎作为图腾崇拜，并将它的形象刻在各种器物上或挂在墙上，希望它不但能震慑野兽，还能避邪驱魔。

清代汪绂图本

jīng
jing

精精

马尾牛

《东山经》

又南水行九百里，曰蛸（mǔ）隅之山。其上多草木，多金玉，多赭（zhě）。有兽焉，其状如牛而马尾，名曰精精，其鸣自诙（xiào）。

明代蒋应镐图本

外貌 看起来像是长着马尾的牛
叫声 就像是在喊自己的名字
功效 避邪
住址 蛸隅山

跂踵山再往南行九百里水路，就到了踇隅山。山上有茂密的花草树木、丰富的金属矿物和各色美玉，还有许多赭石。精精是一种住在山上的野兽，它看起来像一头牛，却长着一条马尾巴。它叫起来就像是在喊自己的名字。

　　传说，精精这种野兽能够避邪。明朝万历二十五年，有人得到一头避邪的异兽，它的头上长有双角，非常坚硬；毛皮上布满了鹿纹；还长着牛蹄一样的脚。当时，人们怀疑这个野兽就是精精。

> 从外形来看，精精和现在的角马很像。角马，也叫牛羚，是一种生活在非洲草原上的大型羚牛。它长着牛头、马面、羊须，个头硕大，全身有长长的毛，很光滑，而且有斑纹。

dāng
kāng

当康

长着獠牙的猪

《东山经》

有兽焉，其状如豚（tún）而有牙，其名曰当康，其鸣自詨（xiào），见则天下大穰（ráng）。

明代蒋应镐图本

今名 野猪
外貌 看起来像猪，但长着大獠牙
叫声 像在喊自己的名字
技能 预示丰收
住址 钦山

钦山中有一种叫当康的野兽，它的样子像猪，但它长着大獠牙，它发出的叫声就像在喊自己的名字。因为它像猪，又长着大獠牙，所以也被称为牙豚。

当天下要获得丰收的时候，当康就从山中出来，并且大声喊叫，告诉人们丰收了。所以虽然它的样子不太好看，却是一种瑞兽。据《神异经》记载，南方有一种奇怪的动物，它的样子像鹿，却长着猪头和长长的獠牙。它能够满足人们的愿望，让农民有个好收成，这种动物可能就是当康。

虽然当康是瑞兽，但因为它长着大獠牙，看起来很恐怖，它也常常代表着巨大的力量。当康像猪又有獠牙，可能就是今天的野猪。

清代汪绂图本

明代胡文焕图本

合窳 hé yǔ

人面猪

《东山经》

又东北二百里，曰剡（shàn）山，多金玉。有兽焉，其状如彘而人面，黄身而赤尾，其名曰合窳，其音如婴儿。是兽也，食人，亦食虫蛇，见则天下大水。

明代蒋应镐图本

外貌 身体像猪，人脸、黄身、红尾
叫声 像婴儿哭
技能 吃人，也吃虫蛇；预示洪灾
住址 剡山

子桐山再往东北二百里是刞山，合窳就住在刞山上。它的身体像猪，却长着一张人脸。它的身子是黄色的，后面长着一条红色的尾巴。它发出的叫声就像婴儿在哭。合窳生性凶残，能吃人，也吃虫、蛇之类的动物。它一旦出现，天下就会发生大洪灾。

虽然合窳是一种会吃人的野兽，但它居住在山中，平日里主要以虫、蛇为食。当它发现有人走近领地时，会发出非常具有迷惑性的婴儿哭声，很多人被哭声吸引，前去寻找，结果再也没有回来。

清代汪绂图本

蜚 fēi

独眼蛇尾牛

《东山经》

又东二百里,曰太山,上多金玉、桢木。有兽焉,其状如牛而白首,一目而蛇尾,其名曰蜚,行水则竭,行草则死,见则天下大疫。

明代蒋应镐图本

外貌 看起来像牛,白头、单眼、蛇尾
技能 预示灾难,一旦出现,土地将寸草不生,瘟疫横行
住址 太山

剡山再往东二百里是太山，山上有一种叫蜚的野兽，它的形状看起来像牛，但它的脑袋是白色的，而且只长了一只眼睛，身后还有条像蛇一样的尾巴。

蜚是灾难之源，就好比死神，是一种非常可怕的灾兽。它经过有水的地方，水就会干涸；经过有草的地方，草就会枯死；而且它出现的地方还会发生瘟疫，哀鸿遍野。

传说在春秋时期，蜚曾出现过一次，当时江河都干了，草木也都枯萎了，瘟疫到处流传，天地之间很灰暗，没有一点生机。

> 独目牛在进化过程中消失了，但白头牛仍现存于世。阿勒泰白头牛和哈萨克白头牛是较为常见的。阿勒泰白头牛更是深受新疆广大农牧民的青睐。

清代汪绂图本

清代《禽虫典》

胐胐

pèi pei

身上长鬃毛的野猫

《中山经》

又北四十里，曰霍山，其木多谷。有兽焉，其状如狸，而白尾有鬛（liè），名曰胐胐，养之可以已忧。

明代蒋应镐图本

今名 白鼬（yòu）
外貌 外形像野猫，长着一条长长的白色尾巴，身上长有鬃毛
功效 饲养它可以消除忧愁
住址 霍山

牛首山再往北四十里是霍山，山上林木茂盛，有很多构树林，朏朏就住在霍山上。朏朏的外形像野猫，却长着一条长长的白色尾巴，身上还有鬃毛。据说饲养它可以消除忧愁，是一种很好的宠物。

《博知文库》中认为朏朏就是白鼬。从外形上来说，这两种动物非常相似，它们都有条白色的长尾巴。但从性情来说，白鼬不如朏朏性情温和，而且白鼬是食肉性动物。它的捕食本领很高，主要食物是小鸟和小型哺乳动物。由此看来，两者很可能只是看起来相像而已。

希望通过外物驱除邪恶以保护自身的思想似乎从远古时期流传至今。古时人们认为饲养朏朏这样的动物可以消愁；而后世则将怪兽形象放于门上，认为可以避邪。这件玉辅首中央的兽面纹，张目卷鼻，牙齿外露，看起来很凶猛。

清代汪绂图本

马腹 (mǎ fù) 人面虎

《中山经》

有兽焉,其名曰马腹,其状如人面虎身,其音如婴儿,是食人。

明代蒋应镐图本

今名 虎鼬
外貌 长着人的面孔,老虎的身子,身上长有鱼鳞
叫声 像婴儿在哭
习性 经常把爪子浮到水面上
技能 吃人
住址 蔓渠山

蔓渠山里住着一种野兽，名字叫马腹。它的样子看起来很奇怪，它有着人的面孔、老虎的身子，叫起来就好像婴儿在哭。

马腹是一种很凶猛的野兽，会吃人。马腹又叫水虎，栖息在水里，身上还有跟鲤鱼类似的鳞甲。它常常让爪子浮在水面上，如果有人去戏弄它的爪子，它就会把那个人拉下水杀死。

民间称马腹为马虎，因为它特别凶猛，古代民间常用它来吓唬淘气的孩子。一旦大人说："马虎来了！"顽皮的孩子就立马不敢吭声了。

> 避免马腹伤人的办法通常有两种，一种是不要招惹它，另一种是供奉它。给马腹的供品必须是动物祭品，它食用了祭品，就会听供奉人的话。

清代汪绂图本

明代胡文焕图本

夔牛

kuí niú

巨大的牛

《中山经》

其上多金、玉,其下多白珉,其木多梅、棠,其兽多犀、象,多夔牛。

清代汪绂图本

形态 比牛要大很多,重数千斤
住址 岷山

岷山上有很多金属矿物和各种颜色的美玉，山下盛产白色珉石。山里有很多树木，大多数是梅树和海棠树。树林里有体形庞大的犀牛和大象，还有很多夔牛。传说夔牛比牛要大很多，重数千斤。

黄帝曾依照九天玄女的指示将夔牛杀死，并用它的皮制成战鼓。

黄帝和蚩尤大战，黄帝胜少败多，心中担忧不已。一天，黄帝想如何打败蚩尤时，竟然不知不觉睡着了。睡梦中，九天玄女给了他一部兵书，说："按兵书去做，就能战胜了！"黄帝醒来，发现手中果真有一本《阳符经》。黄帝按照玄女的兵法排兵布阵，演练熟悉后，决定重新率兵和蚩尤决战。

为了鼓舞士气，黄帝想做一面响彻云霄、震天撼地的军鼓。他打听到东海中有一座高山上住着一头异兽，叫"夔"，它吼叫的声音就像雷鸣。黄帝于是派人将夔捉来，把它的皮剥下来，做成鼓面。黄帝又派人将雷泽中的雷兽捉来，用它身上最大的骨头做成了鼓槌。夔牛鼓一敲，能震响五百里。黄帝又用夔牛皮做了八十面鼓。黄帝与蚩尤开战，军鼓齐鸣，震天动地，兵威大振，一举打败了蚩尤。

东海中的流波山上栖息着一种神兽，它的名字叫夔。它的形状像牛却没有犄角，只有一只蹄子。它身上的毛皮是青色的。它出入海水时，会有大风大雨相伴随。它会发出如同太阳和月亮的光芒，吼叫起来的声音就像打雷。

清代汪绂图本

清代吴任臣乾隆图本

明代蒋应镐图本

150　陪孩子读《山海经》·走兽篇

bìng
fēng

并封

有两个头的猪

《海外西经》

并封在巫咸东,其状如彘,前后皆有首,黑。

明代蒋应镐图本

形态 体形像猪,前后都有头,浑身长满黑毛
住址 巫咸国东面

有一个名叫并封的怪兽栖息在巫咸国东面，它的体形像猪，前后都有头，浑身长满黑毛。

在古代文化中，雌雄同体的传说有很多，但是在生物界却很少存在。这种观念不能忽视，它实际上是一种古老的、自相交配的观念。在《山海经》中，也有很多双头神兽、双头神鸟的形象，但并封是唯一一个前后都长有头的怪兽。不管它要做什么，两个头都会争吵不休。也有一个头暂时获胜的时候，于是朝着这个头的方向向前走了一段。但是，当另一个头缓过来，想到往自己的方向走才正确，于是马上就会朝相反的方向走。就这样，并封一辈子都没有走出过巫咸国的东部。

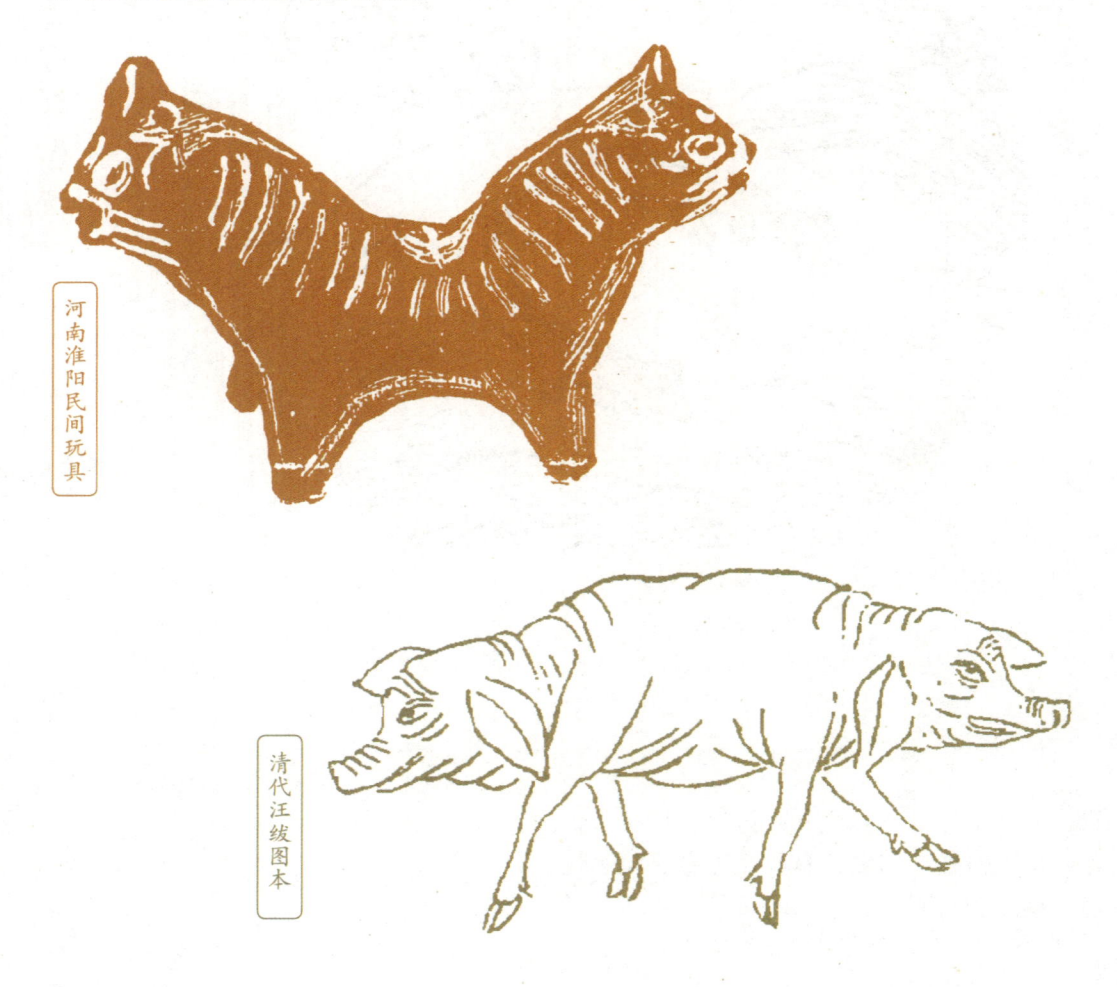

河南淮阳民间玩具

清代汪绂图本

清代《禽虫典》

乘黄 chéng huáng

头上长角的狐狸

《海外西经》

有乘黄,其状如狐,其背上有角,乘之寿二千岁。

明代蒋应镐图本

形态 外形像狐狸,身子像马,长着龙的翅膀,背上有两只角
功效 骑上它就能长寿
住址 白民国

扫码听故事

白民国位于龙鱼所在地方的北面，居住在那里的人，皮肤都像雪一样白，整日披头散发。白民国境内还生活着一种野兽，名字叫乘黄。它的外形跟狐狸相似，身子像马，还长着龙一样的翅膀，背部长着两只角。它是一种祥瑞之兽，人如果骑上它就能长寿，活到两千岁。

　　传说，轩辕黄帝勤政爱民，励精图治，为华夏文明奠定了坚实的基础。晚年，他居于荆山的昆台上，依仙人广成子所教之道，静修养身。当他一百二十岁时，便命人在荆山之下铸宝鼎。鼎成后，设宴欢庆之时，天上突然出现万道霞光，一条乘黄飞下来。元妃大惊，黄帝安慰她说："不必惊慌，它是天帝派来迎我的。"黄帝于是骑到乘黄的背上。臣民仰望黄帝飞升仙去，号啕大哭，泪流不止，泪水淤积成湖，把宝鼎都给淹没了，后人便把这地方叫鼎湖。

古代，鼎是王侯身份与权力的象征。杜岭方鼎是商代中期体形最大的礼器，斗形方腹，立耳，四个圆柱形空足，腹部装饰有饕餮纹和乳钉纹。

清代汪绂图本

明代胡文焕图本

奢比尸

shē bǐ shī

兽身人首神

《海外东经》

奢比之尸在其北，兽身、人面、大耳，珥（ěr）两青蛇。一曰肝榆之尸，在大人北。

明代蒋应镐图本

形态 长着野兽的身子、人的面孔，耳朵很大，还穿挂着两条青蛇

住址 狄山的北面

奢比尸生活在狄山的北面。他长着野兽的身子、人的面孔。他的耳朵很大，上面还穿挂着两条青蛇。传说，奢比尸是黄帝身边的大臣奢龙变成的。

当年黄帝刚刚成为部落首领时，得到奢龙的辅助，辨别出东方；得到祝融的辅助，辨别出南方；得到火封的辅助，辨别出西方；得到后土的辅助，辨别出北方。黄帝将这四个地方的事务分别交给他们去办理。古人还认为奢比尸就是肝榆尸，生活在大人国的北面。

> 奢比尸是《山海经》中比较特殊的一种神，他本身是天神，却因为某种原因被杀害，但他的精魂并不会灭失，而是借由"尸"的形态继续活了下来。

明代胡文焕图本

清代汪绂图本

兕 sì
青黑色的牛

《海内南经》

兕在舜葬东，湘水南，其状如牛，苍黑，一角。

明代蒋应镐图本

形态 外表看上去像一头牛，浑身的毛皮都是青黑色的，头上只有一只角
功效 象征着威力，它的形象常被刻到青铜器上
住址 埋葬帝舜之地的东面，湘水的南岸

兕栖息在埋葬帝舜之地的东面，湘水的南岸。兕的外表看上去像一头牛，但它浑身的毛皮都是青黑色的，头上只有一只角。兕被称为文德之兽，是威力的象征，因此它的形象常常被铸到青铜器上。

有人把兕与犀牛混为一谈，这是错误的。《海内南经》有这样两段记载："兕在舜葬东，湘水南，其状如牛，苍黑，一角"；"兕西北有犀牛，其状如牛而黑。"由此可见，兕和犀牛虽然长得很相似，但并非完全相同。

> 在中国的传统文化中，太上老君的坐骑就是青兕。《西游记》中，据此演绎出的妖怪"独角兕"的形象也是流传广泛。

明代胡文焕图本

开明兽
kāi míng shòu

九个头颅的神兽

《海内西经》

昆仑南渊深三百仞(rèn)。开明兽身大类虎而九首,皆人面,东向立昆仑上。

明代蒋应镐图本

形态 身体像老虎,九头、人脸
技能 守护昆仑山的帝都
住址 昆仑山

昆仑山的南面有一个深达三百仞（约550米）的水潭，那儿有一个威猛神兽，名叫开明兽。它长有九颗头颅，每个头上都长着一张人脸。它的身体像巨大的老虎，面朝东，站在昆仑山山顶上。昆仑山有九道门，开明兽是昆仑山上黄帝帝都的守卫者。虎豹九关，说的就是天上有九重门，都有虎豹守着。

开明兽很勇猛，表情也很严肃，始终瞪大眼睛环视着昆仑山，不让任何异常生物进入。它保护了昆仑山的和平、安宁。

《竹书纪年》中说，开明兽是服侍西王母的灵兽，拥有洞察万物、预测未来的能力。每当西王母和东王公出巡，开明兽就在前面开道，亲自为主人驱动花车，因此得到了西王母的喜爱。

清代汪绂图本

跂踢 chù tī

有两个头的狗

《大荒南经》

南海之外，赤水之西，流沙之东，有兽，左右有首，名曰跂踢。

明代蒋应镐图本

形态 脖子左右分开，两边各长着一个狗头，四只眼睛专注地看着前方
功效 四肢腕部上的肉鲜美无比
住址 南海之外、赤水之西、流沙之东

在南海之外、赤水之西、流沙之东，生活着一种野兽，它的名字叫跊踢。跊踢的脖子左右分开，两边各长着一个狗头，四只眼睛专注地看着前方。传说，跊踢就是述荡，它四肢腕部上的肉鲜美无比。

《吕氏春秋·本味篇》中记载，楚人喜欢吃各种奇珍异味，"肉之美者，猩猩之唇，獾獾之炙，隽触之翠，述荡之掔，旄象之约。流沙之西，丹山之南，有凤之丸，沃民所食"。最好吃的肉有这么几种，其中的"述荡之掔（bó）"就是跊踢四肢腕部的肉。

清代汪绂图本

清代吴任臣康熙图本

清代吴任臣近文堂图本

164　陪孩子读《山海经》· 走兽篇

双双

shuāng shuāng

三只连体青兽

《大荒南经》

有三青兽相并,名曰双双。

清代郝懿行图本

形态 三只青色野兽的合体
习性 由于身子连在一起,只能同时行动
技能 双双身上的三只野兽各自有独立的心志
住址 在跊踢的附近

在跂踢的附近，有一种长相奇怪的野兽，它是由三只青色的野兽合并在一起，有三个身体和三个头，名字叫双双。虽然这种奇兽是三个身体连在一起，却各自有独立的心志，但由于它们身体相连，只能同时行动。

也有人认为，双双是三只青鸟的合体，在一个身子上生着两个头，尾部有雌雄之分，所以一只双双鸟便是一对夫妇。它们双宿双飞，常被用来象征爱情。

山东沂南汉画像石

清代吴任臣乾隆图本

清代《禽虫典》

玄豹 xuán bào

金色斑纹豹

《海内经》

北海之内，有山，名曰幽都之山。黑水出焉。其上有玄鸟、玄蛇、玄豹、玄虎、玄狐蓬尾。

清《吴友如画宝》

形态 样子像虎，个头比虎稍小，全身长着金黄色的毛发，其间镶嵌着铜钱大小的黑点斑纹

技能 善于跳跃，捕食的时候一下可跳出三丈远

住址 幽都山

北海内有一座山，名叫幽都山，黑水就从这座山发源。北方五行属水，崇尚黑色，所以北方幽都山上的禽鸟野兽都是黑色的，它们是玄鸟、玄蛇、玄豹、玄虎、玄狐蓬尾。这些都是象征祥瑞的珍禽异兽。

尤其是玄豹这种珍兽更加罕见，它样子像虎，个头比虎稍小，性情凶猛，善于跳跃，捕食的时候一下可跳出三丈远。它全身长着金黄色的毛发，其间镶嵌着铜钱大小的黑点斑纹，华丽之极，故又称"金钱豹"。

传说周文王在与商纣王的一战中惨败，被囚禁于"羑(yǒu)里"监狱，周人都觉得受到了奇耻大辱。文王手下有一名贤臣，名叫散宜生。一天，他在怀涂山得到一只玄豹，带去向纣王进献，纣王得到玄豹非常高兴，才下令释放周文王。

幽都山位于北方，在五行中属水，山中的一切生灵都为玄色，也即黑色。玄色是尊贵与神秘的象征，而这只商代晚期的玉蟠龙，色泽近乎玄色，体形弧弯，梅花嘴，身上饰有刚健有力的双线菱形纹。

相 xiāng 柳 liǔ — 九头凶神

《海外北经》

共工之臣曰相柳氏，九首，以食于九山。相柳之所抵，厥为泽溪。禹杀相柳，其血腥，不可以树五谷种。禹厥之，三仞三沮，乃以为众帝之台。在昆仑之北，柔利之东。相柳者，九首人面，蛇身而青。

明代蒋应镐图本

形态 青色蛇身，有九个脑袋，有九张面孔
技能 他的九个头分别在九座山上吃食物；他一吞一吐，所接触到的地方就会成为沼泽，并产生溪流

在天神共工的臣子中，有个名叫相柳的，相貌十分凶恶、恐怖。相柳长着巨大的青色蛇身，上面长有九个脑袋，每个脑袋上都是人的面孔。不仅如此，这九个头分别在九座山上吃食物，相柳一吞一吐，所接触到的地方就会成为沼泽，并产生溪流。沼泽中的水特别苦涩，人和野兽都没法喝。

发洪水的时候，相柳也出来助纣为虐。大禹平息洪水以后，就杀死了相柳。相柳死后，他身上流出的血液汇聚成河，还发出腥臭刺鼻的气味。血液所流经的地方，五谷不生。大禹动手，填埋被相柳的血浸坏的土地，但填了多次，都塌陷下去。大禹没办法，挖了一个池子，让血流到里面；还用挖出来的泥土，为众神修造了几座帝台，统称为共工台。这几座帝台就在昆仑山的北面、柔利国的东面。

传说相柳被共工的手下孔壬任命之后，就按照孔壬教他的方法，养了一群凶恶的人。这些人在百姓中选择肥胖的人，供相柳吃，他自己隐藏在幕后。同时，相柳又假仁假义，帮助那些瘦弱的百姓，给他们一些恩惠。相柳有

山东济南汉画像石

的时候给百姓一些米粮，有的时候从富人身上敲诈一些食物，一半拿来填饱自己的肚子，另一半则分给瘦弱的百姓。

就这样，相柳获得了帮助弱者的美名。其实，他并不是真心可怜那些百姓，他只是想把他们养肥了，最后再把他们吃掉。所以几十年来，远地方的人并不知道相柳的底细，以为他只不过是共工、孔壬的臣子而已。算计得真是太巧妙了。几十年来，他慢慢地越来越胖，肚子里都是脂肪，可见他吃了多少人。

清代汪绂图本

清代萧云从《天问图》

蜼 wěi

鼻孔外翻的长尾猿

《中山经》

其兽多犀象熊罴，多猨（yuán）蜼。

明代蒋应镐图本

形态 身体像猕猴，鼻孔外露上翻，尾巴很长
技能 预报下雨
住址 鬲（gé）山

蜼是一种长尾猿，住在鬲山上。它的身体像猕猴，鼻孔外露还上翻。它的尾巴很长，有四五尺。它能预报雨水，将要下雨的时候它就倒挂在树上，用尾巴或两根手指塞住鼻孔，以免雨水流进去。传说，古时候江东地区的人养过蜼，训练它接东西取东西，它的身手很矫健。

因为蜼能预报下雨，所以人们往往把它当成下雨的象征。于是在八卦的图画中，画龙表示云，画雉表示雷，画虎表示风，而画蜼则代表雨。

清代《尔雅音图》

清代《禽虫典》

清代汪绂图本

天吴 tiān wú

八头八爪八尾的野兽

《海外东经》

朝阳之谷,神曰天吴,是为水伯。在蚩蚩北两水间。其为兽也,八首人面,八足八尾,皆青黄。

明代蒋应镐图本

形态 身子像野兽,长着八个脑袋,每个脑袋上都有一张人脸;身上还长着八只爪子、八条尾巴,背部的毛皮青中带黄

住址 朝阳谷北面的两条水流中

朝阳谷里居住着一个神仙，名字叫天吴，它就是水伯。它住在山谷北面的两条水流中间。天吴的样子十分威风，身子像野兽，长着八个脑袋，而且每个脑袋上都有一张人脸。它身上还长着八只爪子、八条尾巴，背部的毛皮青中带黄。

"天吴"或"天虞"就是先秦和汉代文献中常见的"虞"。"天"有"大"之意，"天吴"就是伟大的吴，是古老的原始狩猎氏族吴人的图腾兼始祖神。吴人以狩猎为生，所以，吴人崇拜这种似虎的动物。

《海内北经》这样记载："林氏国有珍兽，大若虎，五彩毕具，尾长于身，名曰驺吾，乘之日行千里。"这里的"驺吾"，也叫"驺吴"。

明代胡文焕图本

清代汪绂图本

驺吾 zōu wú

五彩斑斓的千里马

《海内北经》

林氏国有珍兽，大若虎，五采毕具，尾长于身，名曰驺吾，乘之日行千里。

明代蒋应镐图本

形态 跟老虎差不多大，毛皮上有五彩斑纹，尾巴比较长
技能 日行千里
住址 林氏国

林氏国有一种珍奇的野兽，其大小和老虎差不多，毛皮上有五种颜色的斑纹，尾巴比身子长，名字叫驺（zōu）吾，骑上它就可以日行千里。驺吾是一种仁德忠义之兽，外猛而威内。据说它从不践踏正在生长的青草，而且只吃自然老死的动物的肉，非常仁义。同时驺吾还是一种祥瑞之兽，当君王圣明仁义的时候，驺吾就会出现。

关于驺吾还有一个传说。西伯侯姬昌（周文王）被商纣王囚禁在羑（yǒu）里时，他的属臣太颠、闳夭、散宜生、南宫括非常着急，想法设法终于见到了西伯侯，但是因为有狱卒监视，他们想说的话一句都说不了。聪明的西伯侯赶紧给了他们几个暗示。他先冲他们挤了挤眼睛，意思是"纣王很好色，得找美女献给他"。又拿一把弓敲了敲自己的肚子，意思是"纣王很贪婪，得找一些珍奇异宝献给他"。最后，他又跺了跺脚，意思是"要快点啊！要不然我的性命就难保了"！

这四个人最后在有莘国找到了美女，在犬戎国得到了眼睛像金子一样闪亮的吉量。散宜生用千金买到了非常罕见的野兽"驺吾"。于是，他们献上了美人、吉量和驺吾，之后，西伯侯就被放了出来。西伯侯的儿子姬发（周武王）灭了商朝得到天下，他为了纪念驺吾的功劳，还作了《驺吾》这种乐舞。

清代汪绂图本

英 招 yīng zhāo

长着人脸的马

《西山经》

槐江之山，实唯帝之平圃，神英招司之。其状马身而人面，虎文而鸟翼，徇于四海，其音如榴。

明代蒋应镐图本

形态 长着马身和人面，身上的斑纹同老虎类似，还长着翅膀
叫声 像辘轳抽水
职能 它巡行四海，传布天帝的旨令，保卫和平
住址 槐江山

槐江山是天帝悬在半空的园圃，由天神英招主管。天神英招长着马身人面，还有一对翅膀，身上的斑纹同老虎纹类似。

英招巡行四海，传布天帝的旨令，声音像辘轳抽水。在槐江山山顶向南可以看见昆仑山，那里光焰熊熊，气势恢宏；向西可以看见大泽，那里是后稷的埋葬地，大泽里有很多美玉，南岸有高大的树木；向北可以看见诸山，是神仙槐鬼离仑居住的地方，也是鹰鹯（zhān）等飞禽的栖息地；向东可以看见四重高的恒山，穷鬼居住在那里，各自分类聚集在一起。

英招参加过几百次征伐邪神恶神的战争，是保护世代和平的神之一。英招也是百花之神的朋友。大禹诛杀九头恶怪相柳时，它立下了奇功，从而被后人永远铭记。

人类在不断摸索的发展过程中，思想逐渐从那些伟大神秘的图腾转移到了"人"，意识到自身的重要性，于是很多图腾式的神兽都被赋予了人的面孔，连生活中器物上的图案也逐渐添加了人的形象。这件陶尊最吸引人的地方就在于它的彩绘人物画，画面线条流畅、人物传神。

清代汪绂图本

清代《神异典》

帝江 dì jiāng

爱唱歌跳舞的肉球

《西山经》

有神焉，其状如黄囊，赤如丹火，六足四翼，浑敦无面目，是识歌舞，实为帝江也。

明代蒋应镐图本

又名 混沌
形态 外形像黄色口袋，红得像丹火，六只脚，四个翅膀，混混沌沌没有面部和眼睛
爱好 唱歌跳舞
技能 歌舞之神
住址 天山

扫码听故事

天山上住着一个神，名字叫帝江。他的外形像黄色口袋，皮肤红得像丹火，长着六只脚和四个翅膀。他混混沌沌的，没有面部和眼睛，却擅长唱歌跳舞，还是原始先民的歌舞之神。

帝江就是混沌，是中央之帝。东海之帝倏（shū）和南海之帝忽常常相会于混沌之地，混沌待他们极好，倏与忽便商量要报答混沌的深情厚谊。他们认为，人人都有七窍，用来视听，唯独混沌什么都没有，便决定为混沌凿开七窍，于是一日开一窍，一连凿了七天；七窍凿成，混沌却死了。虽然混沌本身死了，但是整个宇宙、世界却因之而诞生了。

明代胡文焕图本

《神异经》中说，混沌是只既像狗又像熊的野兽，有眼睛却看不见，有耳朵却听不到，因此自己走路很艰难，但别人到哪里去它却知道。遇着有德行的人，它就一股蛮劲地去抵触他；遇着横行霸道的恶人，它反而服服帖帖，摇头摆尾地去依靠他。平常没事的时候，这家伙总爱咬着自己的尾巴，仰面朝天，哈哈大笑。

清代汪绂图本

韩流
hán liú
人面猪嘴的麒麟

《海内经》

韩流擢首、谨耳、人面、豕喙、麟身、渠股、豚趾，取淖子曰阿女，生帝颛顼。

明代蒋应镐图本

形态 长脑袋、小耳朵、人面、猪嘴、麒麟身、罗圈腿，长着小猪的蹄子

住址 四川若水

韩流是黄帝的孙子，是颛顼的父亲。传说黄帝的妻子嫘祖生了昌意，昌意做了错事之后被贬降，在四川若水生下了韩流。

韩流是一个人兽合体的怪神，长着长长的脑袋、小小的耳朵、人的面孔、猪的长嘴、麒麟的身子、双腿罗圈形，长着小猪的蹄子，模样十分古怪。韩流后来娶淖子族人中名叫阿女的女子为妻，生下了帝颛顼。韩流氏族自此从昌意族中分化出来，这个氏族便将"韩"作为姓，第一批韩姓人由此产生。

> 轩辕时代，四川若水还是母系社会，若水的女子骁勇善战。第一代雅女昌仆是若水的首领，她领导若水女子跟随黄帝屡建奇功，助其打败了蚩尤。黄帝为了表彰她们，才有意将最心爱的儿子昌意降居到这里，以结连理之好。

清代汪绂图本

图书在版编目（CIP）数据

陪孩子读《山海经》. 走兽篇 / 徐客著. -- 南京：
江苏凤凰美术出版社, 2019.1（2020.7重印）
　　ISBN 978-7-5580-5490-7

　　Ⅰ.①陪… Ⅱ.①徐… Ⅲ.①历史地理－中国－古代
－少儿读物 Ⅳ.①K928.631-49

中国版本图书馆CIP数据核字(2018)第256578号

监　　　制	黄利　万夏
选题策划	紫图图书 ZITO®
责任编辑	王林军　奚鑫
特约编辑	朱彦沛
营销支持	曹莉丽
封面上色	邱妍婷
装帧设计	紫图装帧
责任监印	生媛

书　　名	陪孩子读《山海经》·走兽篇
著　　者	徐客
出版发行	江苏凤凰美术出版社（南京市中央路165号　邮编：210009）
出版社网址	http://www.jsmscbs.com.cn
制版印刷	艺堂印刷（天津）有限公司
开　　本	787mm×1092mm　1/16
总 印 张	44
版　　次	2019年1月第1版　2020年7月第5次印刷
标准书号	ISBN 978-7-5580-5490-7
总 定 价	199.00元（全四册）

营销部电话　025-68155790　营销部地址　南京市中央路165号
江苏凤凰美术出版社图书凡印装错误可向承印厂调换
未经许可，不得以任何方式复制或抄袭本书部分或全部内容
版权所有，侵权必究